岭南文化书系
广府文化丛书

南海神庙与波罗诞

黄淼章　闫晓青　著

暨南大学出版社
JINAN UNIVERSITY PRESS

中国·广州

图书在版编目（CIP）数据

南海神庙与波罗诞/黄淼章，闫晓青著. —广州：暨南大学出版社，
2011.8
（岭南文化书系·广府文化丛书）
ISBN 978 - 7 - 81135 - 788 - 2

Ⅰ.①南…　Ⅱ.①黄…　②闫…　Ⅲ.①寺庙—介绍—广州市
②庙会—风俗习惯—广州市　Ⅳ.①K928.75　②K892.1

中国版本图书馆 CIP 数据核字(2011)第 052106 号

出版发行：暨南大学出版社

出 版 人：徐义雄
责任编辑：潘雅琴　薛永胜
责任校对：曹　瑞

地　　址：中国广州暨南大学
电　　话：总编室（8620）85221601
　　　　　营销部（8620）85225284　85228291　85228292（邮购）
传　　真：（8620）85221583（办公室）　85223774（营销部）
邮　　编：510630
网　　址：http：//www.jnupress.com　http：//press.jnu.edu.cn

排　　版：广州市天河星辰文化发展部照排中心
印　　刷：深圳市新联美术印刷有限公司

开　　本：787mm×1092mm　1/16
印　　张：12.25
字　　数：185 千
版　　次：2011 年 8 月第 1 版
印　　次：2011 年 8 月第 1 次

定　　价：55.00 元

岭南文化书系·前言

　　五岭以南，素称岭南，岭南文化即岭南地区的人民千百年来形成的具有鲜明特色和绵长传统的地域文化，是中华文化的重要组成部分。由于偏处一隅，岭南文化在秦汉以前基本上处于自我发展的阶段，秦汉以后与中原文化的交流日益频繁。明清以至近代，域外文化不断传入，西学东渐，岭南已经成为传播和弘扬东西方文明的开路先锋，涌现出了如陈白沙、梁廷枏、黄遵宪、康有为、梁启超、孙中山等一大批时代的佼佼者。在 20 世纪 70 年代末开始的改革开放的浪潮中，岭南再一次成为试验田和桥头堡，在全国独领风骚。

　　在漫长的发展过程中，岭南文化形成了兼容、务实、开放、创新等诸多特征，为古老的中华文化的丰富和重构提供了多样态的个性元素和充沛的生命能量。就地域而言，岭南文化大体分为广东文化、桂系文化、海南文化三大板块，而以属于广东文化的广府文化、潮汕文化、客家文化为核心和主体。为了响应广东省委、省政府建设文化大省的号召，总结岭南文化的优良传统，促进岭南文化研究和传播的繁荣，在广东省委宣传部的指导和大力支持下，暨南大学出版社组织省内高等院校和科研机构的专家学者编写了这套《岭南文化书系》，该书系由《广府文化丛书》、《潮汕文化丛书》及《客家文化丛书》三大丛书共 30 种读本组成，历史胜迹、民居建筑、地方先贤、方言词曲、工艺美术、饮食风尚无所不有，试图从地域分类的角度完整展现岭南文化的风貌和精髓。在编写过程中，我们力图做到阐述对象的个性与共性相统一，学术性与通俗性相结合，图文并茂，雅俗共赏。我们希望这 30 种图书能够成为介绍和宣传岭南文化的名片，为岭南经济和文化建设的再次腾飞提供可资借鉴的精神资源。

需要说明的是，本书系曾获批为 2009 年度"广东省文化产业发展专项资金"资助项目，在项目申报和丛书编写过程中，广东省委宣传部的领导多次给予指导，并提出了许多宝贵的意见；中山大学、华南理工大学、华南师范大学、广州大学、韩山师范学院、佛山科学技术学院、韶关学院、嘉应学院以及暨南大学的有关领导和专家学者也给予了大力支持和帮助，在此我们一并致以诚挚的谢意！

《岭南文化书系》编委会

2011 年 6 月 18 日

前　言

　　南海神庙又称波罗庙，坐落在广州市黄埔区庙头村，为中国古代祭海的场所，是目前我国古代东南西北四大海神庙中唯一保留完整的海神庙，也是我国古代海上丝绸之路的重要史迹。

　　南海神庙始建于隋开皇十四年（594 年），距今已有一千四百多年的历史。自隋唐以来，历代帝王的敕封、地方官员的祭祀、民间善男信女的顶礼膜拜，使得南海神庙香火日盛，成为四大海神庙中香客最多、地位最高、延续时间最长的一个海神庙。这是由广州在海上贸易中长盛不衰、日益发达的地位决定的。中国古代海上丝绸之路从西汉时就已经开始形成，到了隋唐时期达到了鼎盛阶段。唐代，从广州出发的贸易船队，经过南亚各国，越过印度洋，抵达西亚及波斯湾，最远可到达非洲的东海岸；明清之后更远至欧洲。这条航线长达一万多公里，促进了东西方政治、经济和文化的交流，扩大了中国在世界上的影响力。处于这条航线起点重要位置的南海神庙，面临茫茫的大海——南海，又紧连着太平洋。出海航船或来自远方的航船，经过这里都要派海员进庙祭祀，以祈求海不扬波、航路平安。南海神庙香火鼎盛，成为广州海上贸易繁荣的历史见证。庙内遗留了许多珍贵历史文物，包括历代皇帝御赐的碑文、题字等，具有很高的文化、艺术和历史价值。但自清道光年间以来的外患内乱，使古庙历尽沧桑，日渐颓破。特别是"十年浩劫"期间，古庙被占用，不少经历了漫长的岁月保存下来的古建筑、碑刻、神像被当作封建糟粕毁坏，仪门、复廊等被改建成课堂，古庙满目疮痍，惨不忍睹，造成了难以估量的损失。

　　1986 年，广州市文物部门开始对这座年久失修的集海上交通与祀海神风俗于一体的古庙进行维修，1991 年 2 月，维修复原工程历经五

载终于竣工。这次维修，是南海神庙自清道光二十九年（1849年）以来规模最大、最全面的一次。不仅重修了头门、东西廊庑、多座碑亭等，还重建了仿明代木结构琉璃瓦歇山顶建筑的大殿、拜亭等，千年古庙，雄姿再现。重修后的南海神庙，中轴线上由南往北共五组建筑：头门、仪门和复廊、礼亭、大殿和昭灵宫等。它们和华表、石狮、韩愈碑亭、开宝碑亭、洪武碑亭、康熙"万里波澄"碑亭、东西廊庑及关帝庙等附属建筑，组成了一组颇具规模的古建筑群。

2005年，广州市政府决定将南海神庙移交给黄埔区管理。为了迎接瑞典"哥德堡Ⅲ"号仿古船重访广州，黄埔区随即对南海神庙周边环境进行整治。如今，庙前已建成一个大广场，庙内外环境大为改观，已经成为广州一处重要的文化旅游景观。

波罗诞，即南海神诞，始于宋代，已经有上千年的历史。神庙附近的扶胥镇商旅云集，波罗庙会独具特色，盛况空前，成为广州乃至珠江三角洲地区的民间传统庙会，在全国也有很高的知名度。它所蕴含的民俗文化是岭南文化的组成部分，是南粤重要的非物质文化遗产。

南海神庙具有丰富的文化内涵，其悠久的历史、历代官民的祭祀、林林总总的碑刻和文物、文人墨客留下的诗文歌赋、千年庙会波罗诞及其在古代海上丝绸之路上的独特地位，都值得我们认真去探索和研究，尤其是富含岭南文化元素的波罗诞，是岭南文化、岭南民俗的重要组成部分，值得我们发扬光大。

目　录

一、循礼崇封

——南海神庙鼎建尊封

（一）南海神庙的建立

海洋，是地球生命的发源地，占整个地球面积的70%以上。它浩瀚无边，深不见底。当风平浪静时，它显得温驯可爱，像一面蔚蓝色的巨大明镜；当它发起神威，却是狂风暴雨、浊浪滔天，仿佛要把一切都吞掉。因此，喜怒无常的海洋，是最容易引起人们畏惧和幻想的地方。在科学并不发达的古代，面对着海上的风云变幻，时而云霞灿烂、波平如镜，时而乌云密布、浪涛翻滚，渺小而无助的人们需要有一位强有力的神来主宰海上风云，海神就应运而生了。

四海的观念在中国古代早期已形成。《山海经》就有"徇于四海"之言；《海外南经》上有"六合之间、四海之内"的说法，这个四海，与天下同义，所谓"四海之内皆兄弟"即是如此。古人认为，天圆而地方，地的四周被海水所包围。所以大海向来被君王推崇，"普天之下，莫非王土，率土之滨，莫非王臣。"据《礼记·月令》记载，周时，天子命有关官员祭祀四海、大川、名源、渊泽、井泉。这可能是最早关于祭四海的记载了。从周代起，中国的统治者就将祭祀江河、湖海、山林、丘陵等自然地理之神纳入国家礼制体系，天子祭祀名山大川，诸侯祭祀境内山川。概括起来，就是祭祀五岳、四海、四渎。凡天子巡狩、发兵之前、国有大灾、国君有病，都要举行隆重的祭典，祝告山川，祈福消灾，以后历代帝王均循此礼。据《汉书·郊祀志》记载，汉宣帝神爵元年（前61年），皇帝有感于百川之大，无阙无祠，于是在洛水处立祠祭海神，以求海神保佑风调雨顺、五谷丰登。

有人认为，这是中国封建帝王立祠祭海神之始。不过，大海离西汉京城长安十分遥远，因而汉宣帝未能在海边立祠，只好舍远就近，在洛水附近立祠祭海。当然，这只是一种遥祭，实际上立祠祭祀的地方不过是一条河而已。

到了隋朝，广州实际上已经成为中国南方的海运中心。开皇十四年（594年），有大臣向隋文帝建议，大海宽阔无边、神秘莫测，海神灵应昭著，应在近海处建祠祭祀，才能表达人间帝王对海神的敬畏和虔诚。于是隋文帝下诏建四海神庙祭四海，在广州南海建南海神祠，并在当地请了一位巫师主持神庙的洒扫和祭祀南海神，祠内还种植了许多松柏等树木，南海神庙因此建立。南海神庙建立之后，在历史上曾经有以下几种称谓：

① "南海祠"（《新唐书·地理志·广州都督府南海县》）；

② "海庙"（《元和郡县志·岭南道·广州南海县》）；

③ "南海庙"（《南海百咏·南海庙》）；

④ "南海神祠"（《重修南海庙碑》）；

⑤ "南海神庙"（《楚庭稗珠录·南海神庙》）；

⑥ "波罗庙"（《羊城古钞·祠坛·南海神庙》）。

令人感到可惜的是，现有的史书对南海神庙的始建记载甚少，其形制规模如何，迄今仍无从考据，但相信初建时的规模不会很大。

关于南海神庙始建于何时，还有另一种说法，就是隋文帝下诏建南海神庙前，广州黄埔的扶胥镇原来已有一座小海神庙。而这座小庙是梁大同元年（535年）由当地人董昙所建。不过，这只是一个传说，没有得到历史学界的认可。

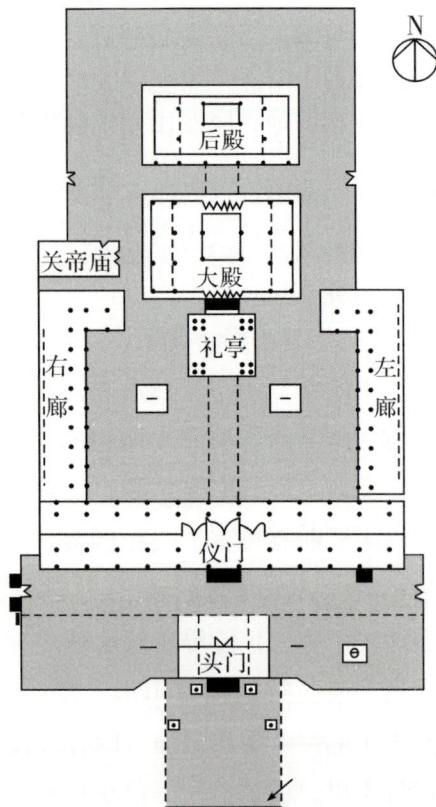

南海神庙平面图

南海神庙与波罗诞

隋文帝为什么将南海神庙建在广州的黄埔呢？这和广州优越的地理位置有关。广州地处中国大陆的南部、珠江三角洲北端，位于东、西、北三江的汇合处，濒临南海，属珠江水系河口区范围。广州古称番禺，是南海海上丝绸之路上最重要的港市，而位于黄埔区的扶胥港是古代广州的外港。据清代崔弼的《波罗外纪》记载，广州南海神庙地处"扶胥之口，黄木之湾"，"三江之水会于黄木湾以入大洋，琵琶、赤岗双塔并峙，而狮子洋屹立中流，虎门蹲踞海口，为夷舶之所，尤邑之险隘也"。由此可见，古代的南海神庙前临珠江口，江流浩渺，连接狮子洋，庙前古老的码头，是昔日各国海船系缆所在。至于古扶胥港是何时形成的，并没有明确的历史记载。但是不少学者认为，在隋唐以前，广州附近的扶胥已形成港口，南海神庙的建立就是一个重要标志。

扶胥位于广州东南 30 公里处。在古代，扶胥处于广州溺谷湾北缘，珠江前后航道在黄埔地区汇合后，形成宽广的狮子洋湾区，江面宽达 2 500 米。由扶胥往上直至广州，河道狭窄，江内水急潮聚，礁石遍布；而由扶胥出虎门，则风帆南下，势无所阻。在地形上，扶胥北依丘陵山地，将军山、大田山直临岸边，南迎熏风，北防寒流吹袭。所以，从地理位置来看，在唐宋时期，扶胥港无疑是一个优良的港口。

扶胥港作为广州的外港，始于隋，兴于唐宋，曾繁华了数百年。到了明清时期，珠江三角洲一带筑堤防洪，迫使洪水归槽，滩槽分化明显，江岸成滩加速，昔日凹岸当冲的扶胥镇，因海滩淤积成田，海岸线外移，淡水供应不良，因此船舶改向琶洲岛一带停泊。从明清沿用至今的黄埔港，是古扶胥港的延续。在明清两朝，广州港的地位又再度上升，广州的海上丝绸之路延伸至世界各地。

（二）南海神祝融由来

随着南海神庙的建立，南海神便悄然登场了，人们自然会问起南海神的名字。南海神叫祝融，也有史书称其为祝赤，即祝融和赤帝的合称。其实祝融和赤帝是同一人，祝融本是火神，今天一旦发生火灾，人们仍然认为是祝融君光临。何以这一位火神竟会成了海神？难道说火海火海，火与海之间根本不存在隔阂和距离，它们生来就是个统一体——对立的统一体？祝融究竟是谁呢？他又怎样合水火为一神的呢？

中国人最敬奉的是龙，而掌管大海的神仙就是龙王。这龙王神通广大，法力无边，威显昭著，主管海上风云雷电、潮汐波涛、海产奇珍、旱涝水溢等，不仅云行雨施，还擅于喷火。这就有点奇怪了，在中国人一贯的思维中，水火是互不相容的，"势成水火"意即如此。可是在许多中国的民间传说和故事中，水和火往往是融合在一起的，浑然一体，不分彼此。这其中最广为人熟知的无疑是南海神的故事，它有许多不同的传说。

南海神像（摄于1934年）

传说一：祝融是中国帝王。他以火施化，号为赤帝。相传，祝融还是一个音乐家，他经常在高山上奏起悠扬动听、感人肺腑的乐曲，使黎民百姓精神振奋，情绪高昂，对生活充满热爱。祝融死后，葬在南岳衡山之阳，后人为了纪念他，就把南岳最高峰称为祝融峰。

传说二：上古帝喾在位时，有一个叫重黎的人，是颛顼的儿子，他的官职是火正，即火官。重黎忠于职守，努力为帝喾和广大黎民服务，因当火官有功，帝喾于是赐以祝融的封号。祝是永远、继续的意思，融是光明的象征，就是希望重黎继续用火来照耀大地，永远给人带来光明。祝融死后，葬在南岳衡山舜庙的南峰，即今之祝融峰下。

传说三：黄帝时期，祝融就是其六相之一。黄帝南巡，分不清方向，于是派祝融辨别方向，祝融辨别出了南方。也就是说，衡阳的南岳，最先是由祝融辨别出来的，他因此担任了司徒的职务。后来，祝融被封楚地，成为楚人的始祖。今天位于湖南衡阳的南岳祝融峰顶还有一座祝融殿，殿后岩石上建有石栏杆，可以凭栏瞭望北山的风光。

南海神庙大殿的南海神像

这个火神——楚人的始祖祝融又怎样兼任海神的呢？古人认为，南方属火，火又是光明的象征，火之本在水，故祝融合水火为一神，且符合周文王八卦中离卦属火，方位在南方的卦象。

传说四：尧帝时期，洪水滔天，淹没了山冈和许多房屋，黎民百姓生活于水深火热之中。尧帝下令鲧去治理洪水。可是九年过去了，却毫无成效。后来，鲧知道天上有一种名为息壤的宝物，只要取一点来投向大地，它马上就会生长起来，积成山，堆成堤。于是鲧想办法到天上偷了息壤到人间，用它堵塞洪水，息壤被投到水边马上变为长长的堤坝，大地终于渐渐看不见洪水的踪迹了。但是，上帝知道宝物息壤被窃，十分震怒，就派火神祝融下凡，在一个叫羽山的地方把鲧杀死，并夺回剩下的息壤。上帝还命祝融监视人间治水，给他掌管一方之水的大权。由于祝融属南方之神，所以就合水火为一神，兼任南海之神了。

既然祝融兼了南海之神，当然要选择一个管理南海的驻地。这个地点最少要具备两个条件：一是靠近南海出海口，附近有港口，方便海船的出入和人员的祭祀；二是附近要有一定的人口，能经常有人到庙中顶礼膜拜和供奉管理。位于南海之滨珠江口的扶胥镇（今广州市黄埔区庙头村）离广州古城约八十里，在珠江北岸，面临扶胥江（珠江的一段），东连狮子洋，下接虎门，是古代出入广州的海路交通要道，经此放洋出海，可以抵达南海各国。扶胥地理位置十分优越，被称为"去海不过百步，向来风涛万顷，岸临不测之渊"。于是，这里成为建海神庙的理想之地，人们就在此建立了南海神祠，使祝融有了居

南海神庙石牌坊

所。但是，祝融本身是火神，又兼火水两职，衡阳南岳祝融峰才是其真正的宫殿，南海神庙则为其离宫。清初岭南三大家之一、番禺人屈大均在《广东新语》中就说："南海之帝实祝融。祝融火帝也，帝以

南岳。又帝以南海……故祝融兼为火水之帝。其都南岳，故南岳主峰名祝融，其离宫在扶胥。"所以，唐宋八大家之一的韩愈撰写著名的《南海神广利王庙碑》说："南海阴墟，祝融之宅。"据历史学家考证，魏晋南北朝以来，中原地区动乱不断，而岭南则相对稳定。当时，一大批的中原人南迁，促进了广州地区经济的发展和商业的繁荣。三国吴黄武五年（226年），吴王孙权为了更好地统治岭南，将原来的交州分出南海等郡，新设置广州，史称"交广分治"。交广分治后，广州州治设在广州，广州之名由此始，这一举措有力地提升了广州的地位。由此可见，南海神庙的建立，是与魏晋南北朝以来，广州地区相对稳定、地位提高、经济发展较快、海上交通贸易频繁有着密切关系。当时，中国和西域各国的交往，除了西北陆上丝绸之路外，海上交通贸易也急剧发展，不少海外商贾、僧人等乘船从海上来华贸易和传播佛教文化，中国海舶亦经广州出洋到南蕃诸国。由于南海变幻莫测，祈求海神保护的愿望也与日俱增。隋文帝开皇十四年（594年）下诏建南海神庙，可以说是水到渠成，适应了当时民间和官府的需要。

（三）南海神历代加封

自从隋文帝下诏在南海建立南海神庙以来，历代帝王都十分重视祭祀南海神，不少皇帝派高官重臣来广州祭祀南海神，使祝融恩宠有加，庙誉益隆，祀奉益谨，蔚然成为我国一大坛庙，居四海神庙之首。不过，在唐天宝年间以前，南海神的地位还不算很高，只享受侯一级的礼遇。

唐朝贞观年间，朝廷定下每年祭祀五岳、四渎、四海的制度，并规定广州都督、刺史为祀官，就近祭祀南海神。到了开元盛世时期，唐玄宗李隆基励精图治，大有作为。继唐朝贞观之治和武则天中兴之后，唐玄宗一手开创了开元盛世的局面，政治清明、经济发达、文化繁荣，大唐帝国声名远播。唐玄宗十分重视对五岳和四海的祭祀，至少五次派高官重臣祭祀南海神，对以后的中国封建帝王祭海和南海神庙的地位都产生了深远的影响。

开元十四年（726年），因为久旱不雨，禾苗干枯，唐玄宗遣太常少卿张九龄祭南岳与南海，祈求南海神庇佑，早降甘露，解除旱情。张九龄奉唐玄宗之命，以特遣持节的身份千里迢迢来到广州祭祀南海

神，这是南海神庙历史上一次重要的祭祀，因为在此之前贞观年间曾定下每岁由广州都督、刺史为祀官就近祭祀南海神的规矩。这次祭祀更显示出大唐皇帝对南海神的崇敬，开创了皇帝派重臣南来代御祭南海神之先河。

开元二十五年（737 年）四月，唐玄宗命朝廷官员前往祭五岳、四渎、四海、四镇及诸名山胜迹。天宝六年（747 年），唐玄宗又派专使分往祭五岳、四海及诸镇名山。天宝八年（749 年），命宗正卿褒信郡王璘等分往五岳、四渎及四海致祭。到了晚年，唐玄宗变得居功自傲，自命不凡，贪图享乐，纵情声色。为了显示天子圣明，皇恩浩荡，他首开风气，大肆为神灵赐封。他认为："四海之神，灵应昭著，而自隋以来祭祀海神仅以公侯之礼，虚王仪而不用，非致崇极之意也。"于是，分别给四海加封。天宝十年（751 年），命义王府长史、张九龄之弟张九章，奉金字玉简之册封南海神为"广利王"（同时封东海神为"广德王"，西海神为"广顺王"，北海神为"广泽王"），并于当年三月十七日备礼，举行空前隆重的仪式，给四海神封爵加冕。于是海神就由享受公侯之礼变为享受王一级待遇了。

这些封号，乍一看不过是泛泛的溢美之词，细细品味起来却另有一番深意。南海神祝融初次的封号为广利王，"广利"即广招天下财利之意。这个封号蕴含了唐玄宗对南海和广州在中国海上交通贸易中的地位和作用的深刻认识和殷切期望。广州是我国最早的海上对外贸易港口，据司马迁的《史记》记载，早在两千多年前，广州（时称番禺）就是我国著名的都会、海外贸易的主要港埠和进出口货物的集散地。1983 年在广州

南海神庙头门

发现第二代南越王赵眜的墓葬，其中有银盒、象牙、香料，据考古人员考证，它们来自中亚或南亚地区，是典型的舶来品。据《汉书·地理

志》载，汉武帝平南越国后，曾派遣黄门译长率领运载黄金和丝绸的船队，从徐闻、合浦等地出发到达南亚诸国。当时，广州是我国外贸船队的基地。《汉书》称番禺近海，多奇珍异宝，"中国往商贾者多取富焉"。这证明汉代广州物产丰富，社会富裕，已是集散海内外产品的商业都市。魏晋南北朝时期，广州作为中国对外贸易港口的地位不断提高。到了隋唐时期，中国海运事业进入了鼎盛时期。唐时中国船队从广州出发，经南亚诸国，再进入印度洋，到达波斯湾，一直远达非洲东海岸。它沟通了亚非两大洲的联系，促进了中非的友好交往和贸易往来。这条航线全长一万多公里，是当时世界上最长的一条航线，被称为"广州通海夷道"。以此沿线分航到世界各地通商口岸的更是不可胜数。广州成为万国商贾云集、宝货堆积的国际大都会。唐中期以后，随着西南吐蕃的强大和侵扰，以及中亚信奉伊斯兰教的阿拉伯帝国的崛起和东征，沟通中西贸易的陆上丝绸之路趋于冷落，逐渐被海上丝绸之路所取代。为了加强对广州外贸的管理，唐政府专门在广州设立了市舶使，管理番货海舶、征收关税等。市舶之利对国家大有裨益，唐朝国库丰盈，很大一部分都来自广州获利甚厚的南海市舶之利。唐玄宗因此封南海神为广利王，一则表示对他的尊崇和褒奖，二则希望他继续护佑海上风平浪静，中外贸易畅顺，这样大唐帝国才能广招天下贸易之财。

唐朝"安史之乱"后，国库日渐空虚。唐政府为了补充国用，对海外贸易更为倚重。朝廷因此对南海神的祭祀一直热度不减，不过没有再行封号。唐代对南海神之所以如此尊崇，是因为广州不仅是岭南的都会，而且是海外各国来华贸易的中心，即海上丝绸之路的起点，唐王朝在广州首设市舶使，管理对外贸易，从而带来了十分可观的利润。因此，广招财利的南海神广利王自然就得到了朝廷和民间的崇敬。南海神也就成为四神中位次最高的海神。

唐朝灭亡后，中国陷入五代十国的分裂局面，中西陆路交通受阻，而海路则随着航海技术的发展而日益兴旺，统治中国南部的王朝对海外贸易的依赖程度大大增加。在五代十国时期，岭南地区建立了南汉国。南汉国经济收入有很大一部分来自海上，因此南海神的尊崇地位不曾动摇，南汉后主刘𬬮对南海神更为崇敬。大宝元年（958年），刘𬬮下诏加封南海神广利王为"昭明帝"，给祝融加上龙袍。在中国历

南海神庙与波罗诞

史上，人间帝王将神仙加封为皇帝的事例可谓绝无仅有。至此，南海神被捧到了一个至高无上的位置。

宋太祖开宝四年（971年），潘美率宋朝大军南下平定岭南，南汉国灭亡。宋王朝立即在广州设立了市舶司，管理海外贸易。这反映了北宋政权从立国之始，就十分重视海上对外贸易。宋代曾在多处设市舶司，但南宋中期以前广州的贸易额一直独占鳌头，其丰厚利润成为国家财政的重要来源，朝廷还命重臣修葺南海神庙，希望获南海神保佑，"限六蛮于外服，通七郡以来王"。南海神也因此被誉为海上外交之神，获得了更多的尊崇。有宋一代，祝融被戴上了顶顶桂冠，其显贵达到无以复加的程度。

宋太祖废除了南汉后主给南海神祝融"昭明帝"的封号，赐以一品之服，派人修葺了南海神庙，并立碑记之。宋真宗年间，皇帝赐南海广利王以玉带，大中祥符六年（1013年）又派专员修复南海神庙。

宋仁宗康定二年（1041年），下诏增封南海神加王号"洪圣"，于是南海神成了"南海洪圣广利王"。后来，不少帝王也都给南海神加封，祝融头上的桂冠越来越多，越来越重。事实上，老百姓也记不得祝融头上冗长的名字，民间只是称南海神为广利王或洪圣王，其中又以洪圣王最为普遍。广东沿海有不少地方，包括香港，都有洪圣王庙，供奉南海神，说明"洪圣王"的影响最大和最为深远。

宋皇祐五年（1053年），广西广源州（今靖西、田东一带）壮族首领依智高起义，围攻广州城多日。后来，依智高火攻广州城，突逢大雨，被官军击败。广州官府认为是南海神显灵，助官兵剿杀盗贼，遂上报朝廷，请求褒封南海神，于是加封王号"昭顺"，祝融变为"南海洪圣广利昭顺王"。这次加封，荫及夫人，朝廷还赐南海神夫人为"明顺夫人"。今南海神庙大殿后面还有一座昭灵宫，供奉明顺夫人。

明顺夫人塑像

南宋建立以后，由于国土比以前小了很多，再加上边患紧张，国库匮乏，为筹集资金，南宋政权格外重视海外贸易，对征收市舶税寄予厚望。宋高宗曾说："市舶之利最厚，若措置得当，所得动以百万计，岂不胜取之于民？"故此，南宋朝廷对农民起义等破坏统治秩序、干扰海外贸易的行为深恶痛绝。绍兴七年（1137年），湖南盗贼入侵广东，当局称广州官军得南海神保佑平定了这次叛乱。宋高宗得报，非常欣喜，于

南海神庙仪门及复廊侧面

是又给祝融加"威显"封号，是为"南海广利洪圣昭顺威显王"。

随着南海神的加封逐步升级，一人得道，鸡犬升天。他的下属也沾了光，享受侯级的爵号。绍兴年间，朝廷还为南海神配置加封了"六侯"，即封达奚司空为助利侯，杜公司空为助惠侯，巡海曹将军为济应侯，巡海提点使为顺应侯，王子一郎为辅灵侯，王子二郎为赞宁侯。据南海神庙内有关碑刻云，这六个人都为南海神治理南海海上风云、帮助官军平叛或保佑黎民苍生等出过力，立下大功，因此得以加官晋爵，成为南海神祝融的得力辅臣。

到了宋乾道三年（1167年）闰月，孝宗又派大臣重修南海神庙。宋庆元三年（1197年），大溪山岛民起义。据说，南海神又一次显威，助官军在海面上将起义队伍击败，于是，庆元四年（1198年），宋宁宗敕赐"英护庙"匾额，派专人送到南海神庙，并举行隆重的仪式。

宋理宗宝庆元年（1225年），大规模重修南海神庙，耗资六百余万。值得一提的是，据碑文记载，这次维修的大部分资金，是从海上贸易之利而来的。淳祐十二年（1252年），宋理宗下诏令，以盛大庆典祭祀南海广利洪圣昭顺威显王。

终宋一代，南海神获得的封号特别多，顶顶桂冠被加在祝融头上，祭海神的活动从官府到民间都达到了高潮，可谓盛况空前。所有这些，

一方面反映出宋代君臣对南海神的崇敬，另一方面也反映出海外贸易在宋朝经济中的重要地位。宋王朝希望通过对南海神的加封和祭祀，保佑海不扬波，对外贸易一帆风顺。

到了元朝，蒙古人虽然是从草原打到中原，马上得天下的，但元将张弘范是在广东崖门的海上将宋朝灭亡的，所以元王朝亦十分重视祭海。然而元朝并不满足于使节互访和贸易往来，希望凭借武力扩张疆土，掠夺更多的财富。当时元军向南、向东南出征海外诸番，战船都要从广州出发，途经南海，因此元朝祭祀南海神也十分殷勤。至元十三年（1276 年）元世祖忽必烈遣近侍速古儿赤等人于四月十八日为南海神建醮，并赐以宝香、锦幡、银盒、楮币等；至元二十八年（1291 年），遣使祭南海神，诏加四海封号，封南海神为"广利灵孚王"。元成宗大德九年（1305 年），遣使持锦幡二、销金幡一、金盒、币二十五万钱祭南海神。据清代崔弼《波罗外纪》记载，此后元朝还有多个皇帝给南海神加封，可惜这些封号已经湮灭无闻。

明朝朱元璋得天下后，依例要祭祀山川海渎，他先在京城设坛合祭五岳、四镇、四渎，后来觉得只合祭无专祀非尊神之道，于是遣官至各地分祭。虽然明太祖曾实行过严厉的海禁，但他对海神还是十分崇敬。洪武二年（1369 年）三月初三，明太祖遣徐九皋到广州祭南海神，并拨款重修南海神庙，还赠送给南海神庙黄金香盒。徐九皋代朱元璋向南海神禀告中原已平定，希望南海神保佑，风波宁静，福泽生民，祚我邦家。明太祖出身布衣，却又喜欢附庸风雅，舞文弄墨。洪武三年（1370 年），他又派大臣来广州祭祀南海神，为了显示权威，以退为进，下诏五岳四海之神一律取消前代封号，只以当地之名称神。朱元璋郑重其事，声称不敢超越上帝给以封号，实际上是假借上帝之名，取消了历代帝王给祝融的"南海广利洪圣昭顺威显灵孚王"封号，只称南海之神，更显露出其"受命于天"的"真命天子"的权威。不过话又说回来，朱元璋此举，倒是给南海神做了一件好事。要不然，代代加封，祝融头上的桂冠不知要顶到多高呢。

明初为了加强中央集权专制，以海疆不靖为名，实行严厉的海禁政策，禁止民间进行海上贸易；但另一方面，又发展与海外各国的官方朝贡贸易关系。到明成祖永乐年间，这种朝贡贸易得到进一步扶持。从永乐三年（1405 年）起，成祖派郑和率官方船队七下西洋，出访海

外各国，造就了世界航海史上的壮举。这反映了明统治者的矛盾心态：一方面希望通过海洋来显示大明的威仪，另一方面又怕洋人通过海路侵害朱氏江山，影响到社稷稳定。在郑和下西洋的过程中，统治者认为南海神在海上保护了郑和的船队，所以永乐七年（1409年）二月，朝廷封南海神为"宁海伯"。也许是因为这一封号的爵位太低，民间不太乐意接受，因此较少为人所知。

明中叶以后，海禁宽弛，海外贸易活跃，促进了商品经济的发展，明熹宗认为，南海之神的封号，不足以表示自己对南海神的虔敬，于是在天启元年（1621年），恢复了唐宋时期的一些封号，敕封祝融为"南海广利洪圣大王"。

清代统治者不但接纳了汉族的制度和传统，而且奉行较明末更为开放的海洋政策，南海神受到的崇敬致祭也未因异族执政而减弱，反而呈上升之势，其中尤以康熙、乾隆时期最盛。康熙皇帝是一个热衷于祭海的帝王，他曾先后十一次派遣高官重臣前往祭祀南海神。康熙四十二年（1703年），康熙帝御笔亲书"万里波澄"四字，并制成巨匾，派户部右侍郎范承烈将御匾专程护送到南海神庙，并专门立碑纪事。雍正三年（1725年），雍正帝又别出心裁，封南海神为"南海昭明龙王之神"，这是封建帝王对祝融的最后一次加封。

从唐至清，前后六个朝代的皇帝给南海神册封号十余次。封号之举，既是国家崇拜自然、礼祭山海的衍生物，也是帝王宣扬功德、显示权威的手段。在古代，国运昌盛、改朝换代、叛乱平息等，均被看做神灵庇佑的结果，成为封敕神灵堂而皇之的理由。所封之号既表达了人间帝王对神灵的崇敬，也寄托了俗世的希望。祝融从火神成为

南海神庙礼亭

合水火二神的南海神，又从隋代享侯一级待遇，到唐代封王，南汉封昭明帝，宋代多次加封，清时被封为昭明龙王之神，经历了为侯、为

王、为帝、为龙王之神的显赫历程。这反映了海洋在古代人们心目中的地位逐步上升的过程。随着人们对海洋的开发和海洋与人们的关系愈来愈密切，人们对海神的敬畏变成了崇敬，祭祀日隆，册封日加，每一顶桂冠都给祝融增添了迷人的光环，使他成为四海之内至高无上的海神。

中国历代帝王对南海神的封号

朝代	庙号	历史纪年	公元	封号
唐代	玄宗	天宝十年	751 年	封"广利王"
南汉	后主	大宝元年	958 年	尊为"昭明帝"，庙为聪正宫
北宋	太祖	开宝四年	971 年	除刘鋹封号，赐一品服
北宋	仁宗	康定二年	1041 年	加封"洪圣"
北宋	仁宗	皇祐五年	1053 年	加封"昭顺"，赐王夫人为"明顺夫人"
南宋	高宗	绍兴七年	1137 年	加封"威显"
元	世祖	至元二十八年	1291 年	加封"灵孚"
元	泰定帝	致和元年	1328 年	加封号（不详）
元	文宗	天历二年	1329 年	加封号（不详）
元	惠宗	至正十四年	1354 年	加封号（不详）
明	太祖	洪武三年	1370 年	诏除历代所封神号，称"南海之神"
明	成祖	永乐七年	1409 年	封南海神为"宁海伯"
明	熹宗	天启元年	1621 年	封"南海广利洪圣大王"
清	世宗	雍正三年	1725 年	封"南海昭明龙王之神"

（四）南海神显现灵通

南海神在四大海神中，名气最大。古文献中，无论是地理神话书《山海经》，还是《尚书》、《竹书纪年》、《左传》、《国语》、《史记》等史书，乃至《淮南子》、《墨子》等诸子散文，都有关于他的形貌、身份、事迹的记载，生动而详尽，而东、西、北三海神则要简逊得多。因此，唐代大文学家韩愈说："考于传记，以南海神次最贵，在北东西三神、河伯之上……"就四海方域的明确性和重要性而言，南海也居首位。本来，在中国古代，四海是泛指国土四周的海疆，与天下同

南海神庙与波罗诞

义。由此不难理解西海、北海无海可指，踪迹难寻。东海、南海最初也是泛指中国的南方及其附近海面，在海域上包括了现在的黄海、东海和南海。秦始皇三十三年（前214年）统一岭南，在岭南设桂林、南海、象郡三郡，南海郡治广州（古称番禺），辖今广东大部分地区。据此推测，至迟从秦代起，南海指的就是广东沿海一带。自古至今，南海都是中外海上交通的枢纽，广州是闻名遐迩的岭南都会和商品集散地、海上丝绸之路的起点和重要商埠，在中外贸易和文化交流方面发挥着巨大的作用，对国家的政治、经济和文化发展有着举足轻重的影响。南海神在这片广大的区域上，掌管着风雨雷电、潮汐波涛、海产奇珍、干旱水溢。人们还根据《易经》分析，南海神又主兵事，神通广大，法力无边，大到国计民生，小到疾病孕嗣，他都能施恩显灵。因此，历代帝王都非常敬畏并十分重视祭祀南海神。

隋朝立国之后，结束了中国近三百年的南北分裂，重新统一了中国，社会经济迅猛发展，对外贸易也十分兴盛。海上贸易促进了隋朝经济的发展，为进一步扩大对外贸易，隋文帝开皇十四年（594年）下诏，在广州建南海神祠，就近祭南海神。以后历代官方祭祀南海神的活动都在此举行，南海神庙屡经重修和扩建。不少皇帝还派高官重臣来广州谒南海神，祈求风调雨顺，波澄万里，江山永固。同时，封之以崇名美号，恩宠有加，使南海神庙蔚然成为中国一大坛庙，居四海神庙之首。

隋唐以后，随着海上丝绸之路的日益发展，广州的地位也愈来愈重要，成为中外海上交通的枢纽。位于广州外港的南海神庙，地位也随之不断提高。历代帝王都派重臣前来神庙举行册祭大典，其目的当然是宣传帝王是受命于天、功德卓著的真龙天子，仁义遍四海。同时，也祈求海神保佑风调雨顺，海不扬波，为天下祈求丰年。南海神因此蜚声中外，庙誉日隆。其管辖的区域也远涉重洋，成为"限六蛮于外服，通七郡以来王"的海上外交之神。一千多年来，许多来华的朝贡使、外国商贾和中国海商等出入广州时都要向南海神祷求庇护；中外海员出入广州，也一定要到庙拜南海神，祭酒于波罗树下，以祈海不扬波，一帆风顺。南海神因此晋升为特级的海神，南海神庙亦成为海上丝绸之路的重要胜地。

据有关史料和庙中的碑文记载，这位海上外交之神神通广大，威

显昭著，法力无边。

　　祈求国家平安、风调雨顺，是祭祀南海神的一个主要目的。据明景泰三年（1452 年）碑记、正德九年（1514 年）碑记和清顺治三年（1646 年）碑记记载，南海神神通广大，海润千里，能通气致雨，让五谷丰登。现立于南海神庙东复廊的明宣宗《御祭南海神文》碑，碑文分两层，上层为明宣宗的祝文，意思为宣宗新即位，统治天下和万民，皇帝日日夜夜为民众思虑，因此祈望海神能保佑国泰民安、风调雨顺。下层为《遣祭南海神记》，叙述有关官员受命代祭南海神的经

南海神庙大殿

过。文中写道："宇宙间神享民怀，是千百世久安长治之策"，碑文还提到，当今天子圣明，能尊神爱民，国家因此长治久安。明宣宗一方面求神赐福，保佑国家平安，一方面为自己涂脂抹粉，名曰祭神，实在树己。不过，亦为后人研究南海神留下极为宝贵的资料。

　　南海神是海上之神，其灵通的另一方面，是布云行雨。庙内头门有一副对联：

白浪起时浪花拍天山骨折呼吸雷风
黑云过后云芽拂渚海怀开吞吐星月

　　此联为增城才子林子觉撰。据说，当年林子觉到南海神庙游览，听了庙祝的介绍后，有感于南海神的灵通，写下了上联。林请庙祝将联挂出，希望集天下人之智填补下联。但一年之后，竟无人能补，于是林子觉又自己撰写了下联，对联极为形象生动地描写了南海神的灵通。原来的对联在"文革"期间已经消失，1991 年广州市文物部门请书法家卢有光重新书写刻于木板上，在原头门处挂出。

　　岭南当地的风俗也认为南海神能呼风唤雨，蕃殖五谷，因此遇到干旱之年，官府和黎民百姓纷纷来庙中祈雨。

宋熙宁七年（1074年），广东大旱，土地干裂，很多湖泊见底，严重影响了广大民众的生活。右谏议大夫、广州知州程师孟奉天子之命，祷雨于南海神，共四次谒南海神庙，两次是祷雨，两次是天降甘露后酬谢南海神。又熙宁间，皇帝以天上久旱不雨，认为可能是触怒了海神，遂命守臣前往祭祀南海神。明成化十三年（1477年）因去冬无雪，今春少雨，明宪宗朱见深于是派要员来南海神祭祀。不久，即得天降甘霖。所有这些，都增加了南海神的神秘感和权威感，善男信女更深信南海神为天地间干旱水滥之主宰，只有勤于祭祀，才能风调雨顺，国泰民安，五谷丰登。

封建王朝的更迭，新君王登基，依例也要祭南海神。在南海神庙仪门后的复廊中，树立有不少明清时期此类御祭南海神之碑刻。如明仁宗洪熙元年（1425年）遣使告嗣位，弘治元年（1488年）、正德元年（1506年）嗣承大统祭南海神等碑刻。最为有趣的是明英宗的《御祭南海神文》碑，今立在东复廊第五位置上，该碑立于明天顺元年（1457年），保存基本完好。此碑间接反映了这样一段史实，就是所谓夺门之变后，明英宗从太上皇位复辟重新当上皇帝，专门派人来祭南海神，告复正大统，心怀鬼胎的明英宗连南海神亦拉来壮胆。

有趣的是，据说南海神还兼司送子之职。南海神庙西复廊有两方嘉靖时期《御祭南海神文》碑。一方立于嘉靖十一年（1532年），嘉靖皇帝久而无嗣，他听说南海神兼司送嗣，便特差命官来广州南海神庙祭祀，向海神求子。另一方立于嘉靖十七年（1538年），嘉靖皇帝于公元1536年冬得子，又特遣官员来广州南海神庙酬谢，并立碑致谢，是为酬谢送子之碑。

南海神庙后殿

本是主管海上风云和雷电雾雨的南海神，竟法力无边，兼司送子之职了。据广州地区流传的民间传说，南海神大殿前的三块拜石，有无限

的法力，在此睡一夜，便可得子。而南海神大殿神龛后面另有一小龛，如得这小龛中的一把土去喂家畜，便可使六畜兴旺。这些民间传说反映出南海神在古代也被人们当作生殖之神来崇拜。

另外，朝廷每遇官军收复失土、平定叛乱等重大事件发生的时候，也都有求于南海神。

据神庙东复廊的宋庆元四年（1198 年）立的尚书省牒碑记载，庆元三年（1197 年），大奚岛民兴兵反叛，击破官兵，以舟船四十余艘从海路直逼广州。但起义的队伍在南海神庙前扶胥江上遇到了很大的风浪，于是被官兵击败。广州镇守大臣认为在这次战斗中官军得到了南海神的庇佑，因此平叛后到庙中酬神祭祠，并且立碑纪念。

朝廷为什么将一次次的胜利归功于南海神呢？很显然，朝廷是想通过南海神洪圣王在民众中的威信震慑叛逆情绪。南海神在有意无意之间被拉到君主的同一阵线上，成为统治阶级笼络民心的一种手段或者工具。南海神也由最初的庇佑"海不扬波"，到维护"广收财利"，而渐成"天威神仪"，最后就演变成了一个"保家卫国"、"忠君爱王"的隐形将军。

由此看来，南海神似乎是灵应昭著，法力无边了。所以，自隋唐起至明清时期，神庙的香火长盛不衰，每至农历二月的南海神诞期，无数的善男信女，摩肩接踵，络绎不绝，来到神庙祭祀，以求南海神的庇护，这与南海神所谓灵验有极大的关系。

（五）神庙维修展新颜

南海神庙是中国古代帝王祭海的场所，是我国目前唯一完整保存的一座海神庙。神庙距今已有一千四百余年的历史了。由于古庙是木结构建筑，日晒雨淋和天灾人祸，都可能会损坏古庙，所以历代都对南海神庙进行过维修。

唐天宝六年至十年（747—751 年），将原来比较小的神庙扩大并新建了一些殿堂。天宝十年（751 年），唐玄宗册尊南海神为广利王，并确定以公侯之礼祭祀南海神，当时的南海神祠有前殿、后殿、廊庑、重门、环堆、斋庐等建筑，已成为初具规模的神庙。

唐元和十四年（819 年），扩大神庙，修筑庭坛，改做东西两序斋庑之房，并将庙称为广利王庙。

宋开宝六年（973年），宋朝廷在广州首设市舶司，管理对外贸易，同年，命中使修葺神庙，告南海神已克复南汉，收复岭南，并希望获得海神保佑，"限六蛮于外服，通七郡以来王"，即加强朝贡形式的对外贸易，还立《大宋新修南海广利王庙碑铭》于庙内。

宋乾道三年（1167年），大规模重修，隆其栋梁，壮其柱石。自唐元和年间至此，神庙历经三百多年的岁月，其间虽屡经维修，但是庙中的木构架建筑，已年久腐朽，因此这次维修，将大部分木梁架更换，殿前的柱石阶级也重新铺砌，此次维修还增加山亭及风雷雨师之殿。

重建时的南海神庙大殿

元至元三十年（1293年），因神庙已残破，有的殿堂已经倒塌。此次重建了部分倒塌的庙堂，两侧建廊庑。

明洪武二年（1369年），由于元代以来"兵燹"历载，神庙很多殿堂已废坏，明太祖下诏大规模重修神庙，派徐九皋代朱元璋向南海神禀告中原已平定，希望南海神保佑，风波宁静，福泽生民，祚我邦家。现在的南海神庙的规模，基本上是这次维修定下的。

明成化八年（1472年），又进行大规模重修。将原来的祠外木牌门改为石牌门，将"祝融"旧木匾改为"南海神祠"之匾额，将古庙通海外道，入祠内道，以及左右暨登浴日亭的山路，全部以石条铺砌；又新修大门、仪门、东西廊庑、左右阶级、拜香亭、前殿、后殿、斋堂、斋房及两廊庑。

清道光二十九年（1849年），又对南海神庙进行一次比较大规模的维修。

20世纪30年代陈济棠治粤时期，重建混凝土结构的礼亭、后殿。

但是，自清道光年间以来，一百多年过去了，古庙历尽沧桑，承受天灾人祸，风雨飘摇，日渐颓破，碑刻也损坏不少。"十年浩劫"期间，古庙更遭前所未有的摧残，大殿被拆毁，仪门、复廊等被改建

南海神庙与波罗诞

成课堂，古碑倒塌，神像被捣毁，不少经历了漫长的岁月残存下来的古建筑、碑刻等文物被当作封建糟粕毁坏，造成了难以估量的损失。

1985年，经广州市文物部门和有关单位多次协商，终于将被学校和工厂占用的南海神庙全部移交回文物部门。同年，国家文物局拨出二十万元维修南海神庙，广州市也拨出专项经费，开始分期进行大规模的维修复建工程，这是南海神庙自新中国成立以来第一次大规模的维修。

维修工程分三期进行：

第一期维修主要项目有：办理南海神庙三万多平方米的征地，修筑围墙，维修石牌坊、头门、仪门、复廊、浴日亭，重建唐、宋碑亭，在复廊重立宋至清石碑二十方，重塑达奚司空像以及在主要道路上铺砌花岗石板等。

第二期维修工程主要项目有：复原重建大殿，重塑南海神像，重建洪武碑亭，修筑南海神庙庙前公路。复原大殿工程于1989年5月动工，次年2月波罗诞前完工。

第三期维修工程主要项目有：重建礼亭，修复后殿，重建东西廊庑，重塑六侯神像。

红棉相伴的南海神庙

1986年1月24日，广州市举行了南海神庙重修复原动工仪式。经过五年的精心修葺，耗资人民币四百余万元，第三期工程于1991年2月初基本完成。已经面目全非的千年古庙，再现新姿。广州市文物管理委员会为此专门刻碑纪念，碑记如下：

重修南海神庙碑记

中国南海海上交通始于西汉，盛于唐宋，东起广州，西至东非；明清以降，远达欧美。今黄埔庙头村前，乃古之扶胥口黄木湾，地处珠江出海口，水域深广，环境优良。为唐宋时期世界著名之东方大港。

南海神庙与波罗诞

隋开皇十四年（公元594年）于此建南海神庙，奉祀南海神祝融，祈求波澄万里，庇佑海事平安。唐承隋祀，天宝十年（公元751年），复封神为广利王，宋康定元年（公元1040年）（作者注：依碑应为康定二年，即1041年）加封王号为洪圣，民俗亦以农历二月十三为神诞，由是庙祀日隆，香火不绝，巍然而为国内一大坛庙，居四海神庙之首。其时，中外樯帆云集，商贾沓来，物宝交驰，极一时之盛。嗣后江岸日淤，港口南移，然民间庙会仍历久不衰。南海神庙为隋唐时广州海上交通之历史见证，自隋而后历代或修葺或扩建，而以明洪武年间之规模为最，规制沿袭至今。一九六二年被列为广东省文物保护单位。庙内原有唐至清碑七十余方，为研究海上交通之重要资料；惜年久失修，大殿拆除，碑刻多遭毁弃，今逢盛世，政通人和，乃有重修之倡议。国家文物局、广州市政府拨款二百余万元，广州经济技术开发区捐助一百余万元，社会各界人士乐助五万元，共襄盛举。修复工程由本会暨广州市文化局主持。华南理工大学建筑系依明清规制设计，广州市园林建筑工程公司等施工。一九八六年元月廿四日动土，前后历五载。计重建大殿、东西廊庑、拜亭、韩愈碑亭、宋开宝碑亭、明洪武碑亭、清康熙御笔碑亭；并修复石坊、头门、仪门、复廊、浴日亭、后殿等。而今庙宇巍峨、崇檐巨柱，朴厚凝重，气势轩宏。当此胜迹历千百年之沧桑，古姿重现之际，特勒石为记。

一九九一年元月立

1991年2月8日，广州市文物部门在南海神庙举行了隆重的重修复原落成揭幕仪式。这次维修，是南海神庙自清道光二十九年（1849年）以来规模最大、最全面的一次。其中最主要的工程是重建了南海神大殿。大殿为复原明代木结构琉璃瓦歇山顶建筑，面阔五间23.5米，深三间16.2米，高14.5米。大殿梁架、主柱、门、窗、檐、角、斗拱等全用进口坤甸木等制作。重建这样复杂的木结构大殿，自新中国成立后在广州乃是首次。大殿气势雄伟，翘檐飞脊。殿内用八条原支巨木做柱直插梁架，架中托出斗拱以承横梁，力学要求十分严谨。屋顶用绿琉璃瓦覆盖，正脊中部安放双凤飞翔、鳌鱼倒悬等纹饰的琉璃瓦脊，上有两条躯体弯曲作腾飞疾走状的苍龙，正在争夺当中的宝珠，为巍峨的大殿增添了风姿。大殿正中，安放了用红砂岩石重塑的

连座高 3.8 米的南海神祝融像，头戴王冠，身穿龙袍，手执玉圭，体态丰硕，神情端庄，一派和蔼的王者之风。大殿建成后，使南海神庙雄姿再现，大殿用传统木结构，更恢复了南海神庙的古风，古朴庄重、气势恢宏。另外，这次历经五载维修复原工程，还重建重修了头门、礼亭、清康熙"万里波澄"碑亭等。重修后的南海神庙，从海不扬波石牌坊计起，中

维修后的南海神庙仪门外廊

轴线上由南往北共五组建筑：头门、仪门和复廊、礼亭、大殿和昭灵宫等。它们和华表、石狮、韩愈碑亭、开宝碑亭、洪武碑亭、康熙"万里波澄"碑亭、东西廊庑及关帝庙等附属建筑，组成了一组颇具规模的古建筑群，千年古庙，雄姿再现。南海神庙也成为广州东部旅游的一个好去处。

1991 年 2 月 9 日，联合国教科文组织海上丝绸之路考察团乘"和平之舟"号海轮到达广州外港——黄埔港。他们按照中国唐宋时期的传统，下船伊始，考察队员立即到南海神庙，拉开中国考察活动的大幕。是日上午 11 时 15 分，南海神庙迎来了维修后首批来自海上丝绸之路的友好使者。30 多个国家的数十名专家学者兴致勃勃地考察了神庙，观摩古碑刻，鉴赏大铜鼓等文物，并认真地听取了本书作者之一（黄淼章）的介绍。考察团负责人迪安先生说："广州的南海神庙有着深刻的象征意义，它表明历史上海上丝绸之路

联合国教科文组织海上丝绸之路考察团参观南海神庙

发端于广州，也表明广州是对外开放的。南海神保护着出海远航的人们。"考察团的阿曼国驻华大使萨利赫先生非常感谢广州给他们安排的第一个考察点是南海神庙，并风趣地说："南海神是保护出海船只平安无事的神，是和平的象征。南海神庙考察意义深远。而我们乘坐的'和平之舟'又于 2 月 8 日在广州附近海面救起了八名遇海难的中国船员，是海神在保佑我们。"马来西亚国立大学教授说："看了南海神庙大铜鼓，印象十分深刻，过去我们认为越南才有铜鼓，想不到广州东汉竟有这样大的铜鼓。"印度学者对南海神庙非常感兴趣，再一次前往南海神庙作深入细致的考察，并希望以后能加强和广州方面的联系，南海神庙给联合国教科文组织海上丝绸之路考察团留下极为深刻的印象。

1991 年 3 月 26—28 日（农历二月十一至十三日），重修后的神庙迎来了第一次波罗诞。珠江三角洲一带村民，甚至不少港澳同胞、华侨等都来到庙中欢庆一年一度的民间盛会。人们欣赏重修的古庙，观摩劫后余存的古碑刻，参观"南海神庙与海上丝绸之路"展览。或登上浴日亭，眺望古黄木湾秀色，拜读苏东坡和陈白沙的浴日亭诗碑。有许多村民是每年波罗诞都来南海神庙参观游览的。他们说，南海神庙几十年前就残破不堪了，又遭受了一场空前的浩劫，一直到 20 世纪 80 年代中期，都没有资金来进行维修，村民们只能一年年地望着残破的古庙兴叹。当地村民都盛赞文化部门重修南海神庙是做了一件好事，使几成白地的千年庙宇又恢复了昔日雄姿，亦使广州地区多了一处发思古之幽情的好去处。

2004 年 3 月，广东省委负责人在出席"广东历史文化行"启动仪式时曾指出："很多人都说广州文化只有'星星'没有'月亮'，其实我们是站在'月亮'上找'月亮'——南海神庙就是广州历史文化的一个大'月亮'。它是广州一千多年来最辉煌、最具独特历史——海外交通和贸易史及广东对外开放历史的见证，是广东发达的海洋文明的见证，在广州社会经济文化发展中具有标志性意义。"过去，由于历史的原因和经费上的欠缺，南海神庙建筑与文物虽然得到了保护，但其周边空间与风貌没有得到有效的保护与整治。近年来，神庙及相关历史文化遗产的保护与开发受到各级政府的高度重视。广州市、黄埔区采取一系列措施，对南海神庙及相关文物实施严格保护。近年，

有关部门清拆了南海神庙周围 2 万多平方米的违章建筑，并先后出台关于南海神庙整治意见，编制完成《南海神庙周边地区修建性详细规划》及《南海神庙周边环境整治规划》等方案，规划以南海神庙为核心，按照 AAAA 级标准建设总面积达 38 公顷的大型文化景区。景区范围北起广深公路、南至黄埔电厂、西达电厂西路、东抵风度大街，其中包括绿化公园、文化广场、广州海事博物馆、大型景观广场等系列文化工程，整个景区面积将是现在南海神庙景观的十倍以上。同时，新南海神庙景区将充分利用现有南部河道交通和景观优势，打通古庙周围水道，将南海神庙与珠江水上旅游线路相结合，实现水路通达，进一步提升南海神庙的旅游价值。游船将可直接开至古庙附近的游览码头。有关部门还设想在珠江口设立水闸，抬高古庙景区内河涌的水位，并拓宽河道，再现岭南水乡的自然景观和民俗风情。按照《南海神庙总体规划》，政府将通过一系列行政措施和鼓励政策，对紧邻南海神庙东侧的旭日街进行改造，通过对建筑立面的重新修整和对环境的美化，将其恢复成一段扶胥古镇历史商业街，发展特色小手工业和小商业，使这里成为南海神庙旅游区的一个重要组成部分。

20 世纪 80 年代，曾经三次来华贸易、沉没于海底、引起世人关注的"哥德堡"号经过水下考古，重新出现于世人面前。于是富有想象力的瑞典人依照"哥德堡"号原型建造了"哥德堡Ⅲ"号，沿着当年的路线，于 2006 年 7 月抵达广州。为了表达广州人民的友好情谊和深深的祝福，广州市在南海神庙为远道而来的"哥德堡Ⅲ"号海员举行了一场精彩的仿古祭海仪式。这一刻，南海神庙作为古代海上丝路的起点，作为联系历史与当代的桥梁，又一次向世人展示了它的魅力。

"哥德堡"号

二、祈禳祝祐

——南海神庙官民祭祀

（一）官方祭祀

1. 隋代初祭南海神

南海神庙建立于隋开皇十四年（594 年）。其建立是基于这样的一种历史背景：隋文帝结束了三百多年的分裂局面，为巩固其统治地位，着手修订礼制，对魏晋南北朝各代不同礼制进行整合。以前的岳镇海渎祭祀虽早已在秦汉时确立，但经过社会动荡，礼崩乐坏，所以隋文帝下诏："东海于会稽县界，南海于南海镇南，并近海立祠……并取侧近巫一人，主持洒扫，并命多莳松柏。"可知在近海建立南海祠的

《岭南纪胜》中的南海神庙

同时，设一巫为主持，负责日常祭祀和打扫清洁，并在神祠周围多植松柏，以制造肃穆庄严的氛围。奉祀南海神祝融，是顺应了当时海上交通以及对外贸易的日益繁荣的需要，也顺应了天地之道。

南海祠位于广州东面的"扶胥之口，黄木之湾"，即今天的广州黄埔庙头村，这里依山面海，以扶胥镇作依托，给养充足，交通便利，优越的自然环境和人文环境，是南海神庙选址于此的重要条件。

建立南海神祠的第二年（595年），隋文帝"望祭五岳海渎"，并进一步完善岳镇海渎制度。总之，隋代开创了在地方上祭祀南海神的先河制订了有关制度，为后世祭祀提供了借鉴。此时，南海神享受的是公侯一级的待遇，有专职人员管理，南海神庙也就成为国家祭祀的坛庙。

2. 唐代中央祭祀

到了唐代，四海神并封王，地位大大提高。南海神祠仍沿用隋时旧称，称为"南海祠"（欧阳修、宋祁：《新唐书》）或"南海庙"（李吉甫：《元和郡县图志》）。南海神的祭祀由广州都督或刺史负责，如有特殊原因，比如封王、祈雨、册立太子、降服外夷、谢恩等，皇帝会派专使从中央前往广州祭祀南海神。这种情况大约有十次之多，其中重要的两次是张九龄和张九章祭祀南海神。

唐开元十四年（726年），气候异常，久旱不雨，庄稼枯萎，粮食歉收，百姓遭殃。身为皇帝的唐玄宗，下诏令各地祭五岳、五镇、四海、四渎，祈求各路神灵普降甘霖，解除旱情。以往祭祀南海神的官员都是广州都督、刺史等，由于此次旱情严重，唐玄宗提高了祭祀南海神的规格，准备派重臣南下广州祭祀。

因为广州偏处岭南，距离京城遥远，被认为是荒蛮之地，是历代官员流放、贬谪之地。朝廷官员对岭南缺乏了解，一般是不愿前来的。而张九龄是广东曲江人，开元四年（716年）身为宰相的张九龄曾力荐朝廷开辟梅关驿道，并主持修筑了梅关古道上的大庾岭驿道，方便南北交通，此后梅关古道成为中原与岭南沟通的重要驿站。历代被贬的官员，比如韩愈，就是由此进入岭南的。于是张九龄被唐玄宗派到广州祭祀南海神，这也开创了朝廷派重臣南下祭祀南海神的先河。

张九龄以太常少卿的身份，从长安出发，经蓝田玉山（今陕西蓝田）、襄州（今湖北襄樊）、荆州（今湖北江陵），沿长江至岳州（今湖南岳阳），溯湘江至衡州（今湖南衡阳），祭完衡山再南行，越过骑田岭，经浈水（今北江）浈阳峡到达广州。他不辞辛苦、不远万里而来，完成祭祀南海神的使命后，顺道回故里省亲。从下面他的《曲江集》有关诗中可了解他在广州的活动：

使至广州

昔年尝不调，兹地亦遭回。本谓双凫少，何知驷马来。

人非汉使橐，郡是越王台。去去虽殊事，山川长在哉。

与王六履震广州津亭晓望

明发临前渚，寒来净远空。水纹天上碧，日气海边红。

景物纷为异，人情赖此同。乘桴自有适，非欲破长风。

张九龄此次南来，适逢自己政治上失意之时。开元十一年（723年），张九龄已官至中书舍人，由于御史中丞宇文融、御史大夫崔隐甫弹劾张说，张九龄受到牵连，改任太常少卿。太常少卿虽官高一阶，但从事礼乐、郊庙、社稷、祭祀等，位高而权轻，对他无疑是一个不小的打击。所以此次南下，他一方面排解官场上的失意，另一方面趁机回乡省亲，也算是不错的一次旅程吧。

另外一次重要的祭祀是在唐天宝十年（751年）。当时，唐朝进入了开元之治的鼎盛期，社会物质丰富，人民安居乐业，国家太平，社会达到了"五谷胥熟，人厌鱼蟹"的状况。朝廷感恩四海的恩泽，决定"四海并封为王"，南海神开始从公侯一级上升为王，皇帝下诏要举行隆重的加冕仪式。此时张九龄已去世，于是派其弟张九章为钦差大臣代皇帝祭祀南海神。其时张九章的身份为义王府长史。关于使节人选，史书记载各有不同，《旧唐书》记载的是张九章，而《大唐郊祀录》记载的却是张九皋。有学者经多方考证，认为应为张九章而非张九皋（王元林：《国家祭祀与海上丝路遗迹——广州南海神庙研究》）。张九章接到皇帝御旨，奉玉简金字之册，带着丰富的祭品，踏上了南下之旅。此次奉旨祭拜南海神，是为了感谢南海神的庇佑，祈求风调雨顺、国家太平、人民安康，皇帝御封南海神为广利王。唐玄宗在位期间，多次派重臣祭祀南海神，可见其对岭南的重视。

《册祭广利王记》有对这次祭祀详细的描述，可惜现已不存。《册封南海神为广利王文》为皇帝金字玉简，一般史书没有记载，但实际上与西海、东海、北海一起记载，内容仅仅唯海的名字不同而异。根据王元林先生的研究，以《唐大诏令集》中的《册东海神为广德王文》为本，换为《册南海神为广利王文》如下：

惟天宝十载，岁次辛卯，三月甲申朔，十七日庚子。皇帝若日：
"於戏，四瀛定日，百谷称王，望祀之礼虽申，崇名之典犹缺。惟南
海荡涤炎州，包括溟涨，涵育庶类，以成厥德。朕嗣守睿图，式存精
享，神心允穆，每叶休征。今五运惟新，百灵咸秩，思崇封建，以展
虔诚。是用封神为广利王，其光膺典册，保义寰宇，永清坤载，敷佑
邦家。可不美欤！"

此乃史载首次四海封王的御祭文，非同寻常。张九章这次祭祀南
海神意义重大，不仅因为封南海神为广利王，而且包括南海神在内的
四海神，与五岳之神并重，成为国家封建之典。从此，南海神的地位
比隋代高了一级，成为王，除了立夏祭祀，增加春秋二祭，祭祀比隋
代更为隆重。

3. 唐代地方祭祀

唐代地方官员祭祀南海神庙，最突出者当属孔戣。唐代中期，发
生了安史之乱，一向较为安定的社会局面被打破。由于地方官员权势
日重，每逢国家大事，如改元、受尊号、册立太子等，皆委托地方官
员予以祭祀。由于广州地处偏远，避开了中原战乱，海外贸易得以继
续发展，其利润成为唐代经济的一大来源。唐宪宗笃信佛教，尤其是
对能带来财源的广利王南海神崇奉有加。于是在元和十三年（818 年）
下诏祭祀南海神，并修葺庙宇，时任广州刺史的孔戣奉皇帝的御旨，
亲自到南海神庙祭祀。

当时的南海神庙，地
处珠江口，风大浪急，特
别是每年立夏日祭祀时，
东南风当盛，波涛汹涌，
从广州由水路坐船来几十
里外的南海神庙，逆风而
行，船毁人亡是常有的
事。"往来舟楫遭风波溺
死者甚多"（成化《广州
志》），正因如此，历来
广州刺史畏惧水路造成的

南海神庙大殿影壁背面的浮雕壁画

危险，常常让副手或僧道代祭。"又当祀时，海常多大风，将往，皆忧戚，既进，观顾怖悸，故常以疾为解，而委事于其副"（韩愈：《南海神广利王庙碑》）。然而，孔戣身体力行，以改过去之旧习，分别在元和十三年、元和十四年、元和十五年亲自带领官员前往南海神庙祭祀，即使风雨交加，亦坚持亲祭。

元和十三年（818 年）立夏日前，"祝册自京师至"，祝册为皇帝亲署，上有"嗣天子某，谨遣某官某敬祭"，孔戣不敢怠慢，在立夏日前一天，风雨兼程赶到南海神庙，傍晚宰杀牲口以供祭祀，晚上宿于神庙。立夏日当天，"五鼓既作，牵牛正中"，"公乃盛服执笏，以入即事。文武宾属，俯首听位，各执其职"。祭品、祭具井井有条，"牲肥酒香，樽爵净洁，降登有数，神具醉饱"。此时"铙鼓嘲轰，高管嗷噪，武夫奋棹，工师唱和"，祭祀活动达到高潮。元和十四年（819 年）立夏日前一天，孔戣又一次祭祀南海神，"事神治人"可谓备至。正因如此，被贬到潮州的韩愈作诗称赞孔戣，诗云：

南海阴墟，祝融之宅。即祀于旁，帝命南伯。
吏惰不躬，正自今公。明用享锡，右我家邦。
惟明天子，惟慎厥使。我公在宫，神人致喜。
海岭之陬，既足既濡。胡不均弘，俾执事枢。
公行勿迟，公无遽归。匪我私公，神人具依。

孔戣第三次祭祀南海神，是在元和十五年（820 年），正是这次，成就了流芳百世的韩愈碑——《南海神广利王庙碑》，为后人留下了珍贵的文化遗产。

4. 宋代中央祭祀

宋太祖开宝四年（971 年），宋灭南汉，后主刘鋹投降。宋太祖派翰林学士、左散常骑侍欧阳炯祭南海。也许是畏于路途遥远，也许是听闻岭南到处瘴疫，也许是岭南刚被平定，社会尚未安定，欧阳炯假装生病，不肯去祭祀。宋太祖大怒，罢免其职，改派司农少卿李继芳祭祀南海神。之前刘鋹尊南海神为昭明帝，"庙为聪正宫；龙女为显灵后，庙为昭应宫，其制衣饰以龙凤"（欧阳修等：《太常因革礼》）。此次宋太祖下诏削去帝后号及宫名，易以一品之服，当应"被之冕

服"（裴丽泽：《大宋新修南海广利王庙碑铭》）。可见南海神的地位与唐时相当。

宋开宝五年（972年），又命令李昉、卢多逊、王祐、扈蒙等分撰岳、渎、祠及历代帝王碑。今天南海神庙所存的由裴丽泽撰、韩溥书、立于开宝六年（973年）的《大宋新修南海广利王庙碑铭》，应当是在此背景下修建的。当时裴丽泽身份为"山南西道节度掌书记、将仕郎、守右补阙、柱国、赐绯鱼袋"。据史载，韩溥聪敏博学，尤善笔札，时任朝议郎、行监察御史、权知端州军州事，南下行监察之职，正好可以发挥其擅长书法之长处。

碑文说到自古交趾七郡贡献，由海道沿江达淮，逾洛水到达南河，近七十年来因岭南为南汉国刘氏窃据，贸易被阻绝，人民受虐待。因此，派潘美讨伐，已把南汉主刘𬬮俘虏，释放囚犯，赦免流人。现派中使修复南海神庙，希望获得神佑，"限蛮夷于六服，通七郡以来王"。就是在巩固国防的基础上，加强朝贡形成的对外贸易。立此碑时，距宋朝灭南汉统一岭南仅两年，碑文反映了宋朝对海外贸易的重视。此次修理神庙的官员都由皇帝特派，这与以往一般由县令、县丞等负责维修的情况比较起来，从侧面反映了宋代对海外贸易的重视。

宋仁宗时期南海神的封号不但增加，而且因为庇佑和保卫广州城有神奇之功，得到大量赏赐物品，祭祀非常隆重，极为罕见。

宋代陆上丝绸之路受到了辽国和西夏的阻隔，对外贸易以海上丝绸之路为主。扶胥港比唐代更为繁华，宋代的出口商品比唐代更为丰富多样，加之航海技术的进步，来往扶胥港的船只更多。到了宋仁宗时代，扶胥镇已是广州八大名镇之首，税额的收入也最多。为了彰显海神的功劳，宋代又掀起对海神敕封的热潮。宋仁宗康定二年（1041年）下诏四渎、四海一同封王。加封东海为"渊圣广德王"，西海为"通圣通润王"，北海为"冲圣广泽王"，南海为"洪圣广利王"（《宋史·礼志》）。这次朝廷并未突出南海神的独特之处，四海王平起平坐。但民间从此以"洪圣王"来称呼南海神，在沿海一带，民间建立了不少"洪圣王庙"，拜祭南海神。

经过近二十年的时间，南海神地位上升、封官加爵的机会终于来临。此次与仁宗皇祐年间平定侬智高起义军密切相关。北宋时，岭南地区最大的一次社会动荡便是侬智高起兵反宋。皇祐四年（1052年）

四五月间，广南西路壮人首领侬智高起兵反宋，旋即攻下邕州（今广西南宁）、梧州、端州（今广东肇庆）后率兵赴广州。因江流湍急，飓风大起，在三水滞留三日，使在广州的官兵得以有御敌之备。后来长时间的暴雨使侬军无法前进。而困守广州城中的军民得赖雨水以解暑渴。起义军把广州城围困得水泄不通。但时值夏天台风季节，侬智高攻城所架的云梯被大风吹断，侬军纷纷坠落。侬军改用火攻西门，又遇大风东回，火直往侬军身上烧。北宋政府又乘机调兵遣将，由狄青率领的援军及时赶到。七月十九日，围城57天之久的侬军被迫撤退。正是"广州数有风雨之变，贼惧而遁，州人赖其神灵"（李焘：《续资治通鉴长编》），民众以为"天意神贶，宜有潜佑"，有南海神显灵，所以起浪阻敌，降雨解渴，疾风掀梯，刮风灭火，保城有功，于是广州官员上报朝廷，请褒封南海神，奏折言道："欲望朝廷别加崇显之号，差官致祭，以答神休，仍乞宣付史官，昭示万世。"（《皇祐五年牒》）

宋仁宗于皇祐五年（1053年）下诏，加封南海神为"昭顺"，于是南海神成为"南海昭顺洪圣广利王"。这是特赐的封号，其余三海神未得此殊荣。在加封昭顺王之后，于至和元年（1054年）荫及家眷，南海神的夫人被赐为"明顺夫人"。事后刻石纪念，留下了由地方官员元绛撰文、书法家李直书丹、僧人宗净雕刻的《皇祐五年牒》。此后，珠江三角洲一带，纷纷建立南海神行宫，南海神崇拜掀起浪潮。

靖康二年（1127年），金灭北宋，康王赵构于应天府称帝，改元建炎，朝廷南渡，是为南宋。绍兴七年（1137年），天气大旱，恢复前代祭祀岳镇海渎，夏至日祭南岳、南海神。南宋高宗南迁需要南海神灵庇佑，对南海神就特别崇敬了。宋高宗为答谢南海神，下诏加封为"威显王"，即"南海广利洪圣昭顺威显王"。南海神愈显神灵，其下属"六侯"之说在绍兴年间纷纷登场，朝廷封达奚司空为"助利侯"，杜公司空为"助惠侯"，巡海曹将军为"济应侯"，巡海蒲提点使为"顺应侯"，加上南海神长子王子一郎已为"辅灵侯"，次子王子二郎已为"赞宁侯"，是为南海神属下的"六侯"，成为南海神的得力助手。

南宋时期还有一件事值得一提，即宁宗时期朝廷给南海神庙诏赐"英护庙"额匾之事。庆元三年（1197年），广东提举盐使徐安国派

人到大奚岛（今大、小万山群岛）捕杀私盐贩，岛民不安，引起岛民揭竿而起。徐安国被调离，钱之望被任命为广州知州、广东经略使。钱之望临危受命，为了顺利平定岛民起义，他"即为文以告于南海神"，祈求南海神庇佑顺利平定起义。此年十月二十三日，大奚岛民乘四十余艘船与官兵作战于南海神庙前的大海中，官兵"争先奋击"，高呼南海神以求得到神灵显威，帮助打败起义岛民。官兵以火攻船，擒拿首领徐绍夔，继续深入大海招捕余党，得胜而归。官兵皆以南海神显灵而得胜，请求给南海神加封庙号，钱之望一边奏请朝廷，一边重修南海神庙。第二年，朝廷下诏赐南海神庙"英护庙"额匾以表其功。

总之，宋代朝廷对南海神相当重视，这从朝廷的多次封号即可看出。特别是南方财源广，尤其是南宋把南方看作龙兴之吉位，对南海神的祭祀更为重视。

南海神庙头门前华表

5. 宋代地方祭祀

宋太祖开宝六年（973 年），广州地方官员潘美、朱宪等代表中央祭祀南海神，于是留下了《大宋新修南海广利王庙碑铭》，可以此见证当年的盛大祭事。

岭南地方官员及文人雅士常常祭祀并游览南海神庙。由于庙里有供客人住宿的房屋，所以，皇祐二年（1050 年）七月的一天，广南转运判官祖无择、国子博士陆仲息、端州知州丁宝臣、韶州知州李徽之、南雄州军事判官王逢、道士何可从、名僧宗净一同游览南海神庙并夜宿庙中。其中的僧人宗净多次出现在神庙的碑刻题名中，可见他与南海神庙关系十分密切。

广州地方官员除负责保一方平安、沟通上下、征收赋税外，也参加管理各种礼仪活动。尤其是社会动荡之时，对保城卫民的南海神更

是隆重祭祀。皇祐末年广南东路转运使元绛、广州知州魏瓘，在南海神的保佑下，带领民众赶走侬智高起义军，广州城得以保全。元绛等地方官员请命朝廷，加封南海神以"昭顺"之号，同时亲自组织隆重祭祀。

自宋初大修南海神庙后，时隔近 90 年，广州风调雨顺、五谷丰登、社会安定、海上平安，官民都认为是南海神保佑的结果。于是在嘉祐七年（1062 年），广南东路经略使余靖组织修建南海神庙，修复庙宇三百余间，历时九个月完工并祭告南海神。后来的官员于治平四年（1067 年）为此次修庙树碑立传，现在位于南海神庙的《重修南海神庙碑》就是那次修庙的见证。碑文作者章望之，描写了地方官员懈于事神，致使庙宇凋敝，从而突出余靖修庙的功劳并作诗盛赞此伟功。碑阴的署名皆是番禺历届知县，可见，皇祐三年（1051 年）番禺从南海分出复置后，南海神庙属于番禺的管辖范围，番禺县令、县尉取代了南海县令、县尉来管理南海神庙的各种事务，在修建、祭祀南海神庙方面发挥了很大的作用。

宋神宗熙宁年间，人们认为南海神又一次发挥了神功，不但普降甘霖，农田丰收；而且又能多时不雨，使筑城工作顺利完成。广州城被侬智高的起义毁坏，一旦有警报，老百姓就恐惧逃窜，风水先生接踵而至，都说这里土质疏松恶劣，无法筑城。程师孟在广州六年，建造了西城。等到交趾攻陷邕管，听说广州守备十分坚固，不敢再向东来（脱脱、阿鲁图：《宋史·程师孟传》）。

原来，由于岭南多雨，广州知州程师孟到任后，于熙宁四年（1071 年）十月，避开多雨季节，"以南海神之威灵，其所以惠于一方，拯人之苦，捷于影响，妙应显迹，古今所传，朝廷所尊，今城之作也，庶能辅相以完其功"（郭棐：《岭海名胜记·南海庙志》）。程师孟虔诚祭拜，也许真是感动了南海神，筑城期间竟然"无一朝之雨而落"，顺利完成筑城一事。其实广州冬季少雨或无雨的天气才是顺利完成修筑工程的关键所在。在筑城期间，发生了一件神奇的事，南海神庙旁的海水中出现了刚刚筑建的新城，如同海市蜃楼，经过此地看到这一景象的人无不感到吃惊，从而更认为是南海神显灵之结果（郭棐：《岭海名胜记》）。程师孟不但新筑西城，而且还修补了旧城，修建了南海西庙，功劳很大，引起官员嫉妒，朝野上下到处流传着关于

程师孟的流言飞语。广州城内民众获益甚多，苦苦挽留程师孟，纷纷到南海神庙祭拜祈求，占卜屡屡灵验，民众高兴地认为这是南海神再次保佑的结果，程师孟因此升为谏议大夫，继续担任广州知州。

神宗熙宁年间，旱灾不断，全国发生了七次大的旱灾。程师孟奉皇帝之命，择良辰吉日，于事前四日，就沐浴斋戒；事前三日，坐船前往南海神庙，依照祭祀惯例，祭祀仪式隆重。这是自宋代地方官员元绛、余靖之后，广州知州的又一次祭祀南海神。程师孟殷勤事神，曾三祷三谢，精诚所至，南海神亦三降甘霖，灵验异常，南海神崇拜更为兴盛。如此一来，各地纷纷建立南海神的离宫，南海神祭祀从国家祭祀逐渐扩展到地方或民间祭祀。宋朝廷为南海神及其夫人加封赐号、赐王冕服推动了地方建庙的潮流，可谓上行下效。南海神从高高的祭坛来到广阔的民间，被广大民众所接受。

在程师孟创建南海西庙后，广州知州蒋之奇曾于修葺东庙的同时修葺西庙，绍兴三年到五年（1133—1135 年），时任广州知州的季陵修建南海西庙，这是西庙的第三次修建。因其处于城内，便于官商、民众祭拜。广州城贸易发达，商人虔诚祭拜，因而西庙香火也很旺盛，自创建以后，已有两次修建，可见地方官员对南海神的重视。

南海神庙内的《南海广利洪圣昭顺威显王记》碑，记载了南海神庇佑官兵平息湖南郴州匪寇来犯一事。乾道元年（1165 年）春，湖南郴州一带匪寇猖獗，入侵连山。时任广南东路经略安抚司主管公事、马步军部总管的陈辉，带领官员到南海神庙祭拜，祈求海神保佑顺利平定叛乱。在官兵的追剿下，匪寇很快就落荒而逃，于是广南东路属城安然无恙，广东官民皆以为是陈辉的虔诚感动了南海神，南海神施展威灵，如摧枯拉朽，吓跑了匪寇。

从广南东路提举市舶使陶定对南海神东、西庙的修建，可以看出，这一时期地方官员把祭祀南海神看做是分内之大事，无不重视，唯恐有轻视之嫌。所以，大兴土木，革新庙宇。乾道三年（1167 年），陶定走马上任之后，即有更新庙宇之念，于是，节约官缗，修复东西二庙，"隆其栋梁，壮其柱石"，新修后，南海神庙"像貌严整，仪卫一新，殿堂廊庑，斋庐宿馆，山亭水榭，靡不宏邃"（廖颙：《重修南海庙记》）。除此之外，陶定还在东西二庙新增建了"金碧交映、光彩荡目"的风雷雨师殿，为东西二庙增色添彩。由于海外贸易发达，陶定

主管市舶事务，修建南海神庙当是其职内之事。难能可贵的是，这次修建工程修建经费来自于外贸收入，没有给当地民众增添负担，也可看出陶定是一清官廉吏，所以才有称赞其"清名峻节，闻于天下"之语。

从宋徽宗崇宁元年（1102年）开始，广南东路等三路各置市舶提举，由此，朝廷委派专职提举市舶成为惯例。南海神不仅因国家礼仪得到朝廷祭祀，又因其神通广大，屡在河海水域大显神威，主管外贸的市舶官员和主管转运的转运司官员均看重南海神庙并多加整饰。南海神庙"前据大海，吐纳潮汐，来往祠下者，微若一苇"，人在大海前是多么渺小，不堪一击，所以，重大出海、漕运之事必会诚心祭拜南海神。修建、祭拜南海神庙就成了官员的一件大事。嘉定十七年（1224年），广州转运判官曾噩修复南海神庙，《转运司修南海神庙记》碑留下了这次修复的详细情况。如碑文所说"坏者易之，缺者补之"，所有壁画"丹垩之饰"，"精至纤缛"。整座庙宇前殿后庭，雕梁画栋，前殿主辅神各安其位，后庭主仆各司其职，经过半年多的修复，庙貌焕然一新。

宋代地方官员之所以重视南海神的祭祀和庙宇的修建，是因为南海神可以庇佑岭南风调雨顺，交通畅达，社会安定，民安国富。民间祭祀随着南海神离宫的广泛建立而随之兴盛。直至今天，珠江三角洲一带仍存在大量的洪圣庙，这些都是民间信仰的具体表现。

南海神崇拜在两宋达到高峰，宋代四次封号以及形成的波罗诞庙会证明了南海神不仅在官方，而且在民间，其崇拜都达到了极致。南海神能够消兵灾，降甘霖，庇佑国家社稷和地方安定，保佑南方水上交通平安，从中央到地方，逐渐被广大民众所接受。庙会形成万人空巷的局面，这与统治者的提倡和民众的参与分不开。

宋代，南海神在岭南一时无双的风头，不但被统治阶级顶礼膜拜，而且深入民心。这也昭示着岭南从此走向一个新天地，那种原有的根深蒂固的"蛮夷之地"的传统偏见开始从中原人士的心目中淡化。岭南人的胸襟改变了中原人的偏见。其实岭南之所以长期蒙受"乌烟瘴气"不白之名，是因其远离中原、不被了解所造成。在某种意义上说，岭南文化自古以来更具有开放容纳性。

6. 元代祭祀

到了元代，虽然统治者是蒙古人，但岳镇海渎护佑社稷安宁，所

以祭祀照常进行。至元三年（1266年），由于南海神庙所在的广州还处于南宋掌控之中，所以只能于立夏日在莱州遥祭南海。莱州官员不但在立春日祭祀东海，而且要兼职做好立夏日遥祭南海的工作。一直到了至元十三年（1276年），南宋被灭，元"乃罢遥祭"。

从至元十六年（1279年）开始，取消对南海神的遥祭，南海神的祭祀开始在元政府统治下的广州进行。依照惯例，每年立夏日广州地方官员祭祀南海神，遇皇帝登基、改年号、立太子、天灾人祸等国家大事都会派官员祭祀南海神。至元二十八年（1291年），社会已趋安定，皇帝把祭祀之事提到了议事日程，为了答谢各方神灵保佑国泰民安，在隆重祭祀的同时，各岳镇海渎都得到了加号封爵，封南海神为"南海广利灵孚王"，并废止了之前所有封号。此次祭祀，四海神中只祭祀南海神，也许元代自统治以来中央尚未派官员南下代祭，使得元代朝廷特别重视首次到广州祭祀南海神。由于南海神庙建筑多毁于宋元之交的战火，直到大德七年（1303年），南海神庙重修建成，这期间祭祀南海神都是在位于城内的南海西庙进行。所以这次祭祀南海神，中央派的官员驰骋千里，来到广州，怀着一颗虔诚的心，即将前往南海神庙祭拜，听说南海神庙建筑多已被毁，十分遗憾，于是在地方官员的陪同下，来到城西的南海西庙祭拜，以完成皇帝的使命。

元政府重视南海神，也可从政府的一些规定中看出。《大元圣政国朝典章》规定："庙宇损坏，官为修理。"而且，成宗皇帝下旨："该岳镇海渎，名山大川、风师雨师雷师当祀之日，须以本处正官斋戒行事，有废不举、祀不敬者，从本道廉访司纠弹。"可见皇帝对官员祭祀前后的行为有严格要求，由有关部门弹劾祭祀不恭的官员，从而使地方官员不敢不重视祭祀活动。正是朝廷的重视和严格规定，广东宣慰使都元帅赵胜兴的极力推动，扶胥口的南海神庙于大德七年（1303年）得以重建落成，因此陈大震为这次重修所作的《重修南海神庙记》才会诞生。

大德九年（1305年），皇帝派近侍臣蒇可度等人不远万里，带着祭品，前来祭祀南海神，从祝祭词"望秩兮番禺款"可知，这是首次在城东新建成的南海东庙祭祀。广州城东为番禺县，城西为南海县，两县同城而治，南海神庙位于城东八十里，属于番禺县管辖范围。时隔两年之后，补刻了这次祭祀的碑石《大德九年御祭南海神文》以留人间。

值得一提的是，元帝曾派遣道士南下代祀南海神。泰定四年（1327年），为答谢海岳等神灵保佑，皇帝派了一位时任提点玄门诸路道教所较录、道士曹德仁，带着金幡、银盒、祭钱等，前来祭祀南海广利灵孚王。祭祀场面非常隆重，"铙鼓震天，旌旗盖海"，祭祀前暴雨如注，祭祀后雨过天晴，"星月辉映"。参加祭祀的地方文武百官"仰颂帝力，昭宣神灵"，无不称奇（吕宏道：《代祀南海王记》）。

惠宗皇帝是元代末帝，在位三十六年，对南海神的祭祀也很重视，这从至正八年（1348年）修复南海神庙可见一斑。南海神庙自战火后重建至此已有四十余年，负责这次修复的是典瑞院照磨、河南人王溥化。新修后的南海神庙焕然一新，王溥化作诗赞道："海渎修崇出万机，纶音汗涣自天墀。海隅庙貌尊南服，方面威灵镇岛夷。两庑铜钲思马援，数行石篆忆昌黎。轮奂一新非昔日，殷勤为国保鸿禧。"（同治《番禺县志》）南海神庙耸立于大海边，展示着无限的魅力。之后惠宗帝几次派官员祭祀南海神，虽然困难重重，不是天气异常，就是匪寇作乱，道路梗塞，但来祭拜的使者都能顺利抵达南海神庙，"皆以为神力所至，所向披靡"。正是由于这些所谓的南海神的灵异，凡遇大事皇帝都派人祭祀。

南海神庙头门前的明代红砂岩石狮

难得的是，至元十五年（1278年）的《代祀南海庙记》碑阴，给我们留下了元代祭祀南海神，有祀必有记的事实。"国朝自至元二十八年始，岁祀南海，祀必有记。至正乙未，大府监大使、翰林修撰被旨祠祀。讫，历考前记所存者才三之一，易旧为新，踵弊为常"。元代重视南海神的祭祀、祭祀之多可见一斑，只是由于不断损减，到元末，祭祀碑记仅剩下三分之一，再到今天，少之又少，不到十分之一了。

总之，元代祭祀南海神自至元三年（1266年）立夏日开始，最初只在莱州遥祭，至元十六年（1279年）因东庙毁而改在南海西庙祭

祀。大德九年（1305年）因东庙建成又移回东庙祭祀。虽然元代对南海神的祭祀还是很重视，把南海神看做一种保佑国家安定的神灵，但只是在皇帝登基、旱涝灾害等才祭告和祈祷，更多注重形式，而未扩展在民间的传播，其崇拜出现了停滞不前的局面。南海神的崇拜在朝廷一级也日渐式微，与其他三海神相比，南海神并没有什么特别之处，如此只能使南海神崇拜在元代没有什么发展，甚至出现了萎缩的局面。南海神已失去了唐宋时期的辉煌。

7. 明代中央祭祀

到了明代，太祖朱元璋初定天下，以礼乐来治理天下。朱元璋登基之年，"命中书省下郡县，访求应祀神祇。名山大川，圣帝明王，忠臣烈士，凡有功于国家及惠爱在民者，著于祀典，令有司岁时致祭"（张廷玉等：《明史·礼志》）。第二年（1369年），明太祖派钦差玄教院掌书徐九皋祭祀南海神。玄教院是管理天下道教的机构，而当时地方上主管南海神庙事务的已是道观主持，因为洪武二年（1369年）修复南海神庙的已是广州玄妙观主持和主领波罗庙焚修萧德舆。由此可见，明代开始南海神庙主管已由地方官员变为道观人士。

洪武三年（1370年），"定诸神封号，凡后世溢美之称皆革去"。岳镇海渎的封号也被削夺，一并取消前代所封名号，只以山水本名称呼其神，所以南海神仅称"南海之神"。虽削夺了封号，但南海神仍列为国家祭祀范畴，都城郊祀配祀后土，地方上仍每年两祭，祭祀广州南海神庙在每年清明、霜降举行，后改作每年二、八月上旬择日致祭，仍是中央遣官代祀（《大明会典》）。同年派遣使臣祭祀南海神。与前朝一样，南海神仍是"国家常典"，起着庇佑社稷安定的重要作用。

明成祖永乐四年（1406年）七月，成祖讨伐安南黎氏，"遣使祭告岳镇海渎之神"（《明太祖实录》）。安南地邻岭南，作为主管南方的南海神，保持社稷安定的作用显现出来，其祭告亦更显庄严隆重。当时派遣道士孙敏、监生王平致祭南海神，祭文先颂扬岳镇海渎庇佑"靖难之役"的胜利，祈求神灵保佑，使讨伐安南之师早日凯旋，祈南海神庇佑岭南和社稷安定。此次战争持续八年之久，直至永乐十二年（1414年）才以平定安南结束。南海神在其间的作用不仅显示在灭瘴疠助军威方面，而更多显示在维护南疆安全方面。

永乐七年（1409 年）二月，因"时遣使往诸番国，神屡著灵应"，封南海神为宁海伯。南海神封号仅提及与遣使有关，实际上，也与郑和下西洋有关。在南海神封号之前，成祖遣使出使南海及印度洋诸国有二三十次之多。诸凡以上出使南海诸国，皆顺利成行，才有南海神封作"宁海伯"之号。正如《洪武二年敕祀南海之记》所云，"惟神泓深广博，利益南陲"，隆重祭祀的目的"尚期风波宁谧，福泽生民，是我圣天子所望于神明者，而亦以神明祚我邦家之灵验也"，有宁海伯之号，正是颂扬南海神平波宁海，庇佑使者有功，"祚我邦家"。

明英宗朱祁镇是一位充满了传奇色彩的皇帝。宣德十年（1435 年），英宗派遣广东承宣布政使司左参政卢玉润等祭祀南海神，祈求风调雨顺，国富民安。正统元年（1436 年），英宗改元，又派保定伯梁瑶祭祀南海神，希望神灵保佑社稷永固。除此之外，遇到天旱英宗也派人祭祀南海神，正统九年（1444 年），派礼科给事中章瑾前来祭祀南海神，御祭文写得情深意切，感人至深，言道："予奉天育民，愧谅于德，致兹久旱，灾及群生，夙夜省躬，中心倦切。神司南海，忧闵谅同，雨农以时，宜任其责。特兹致祷，尚翼感通，宏布甘霖，用臻丰稔，匪予之惠，时乃神庥。"英宗自责寡德，使人民受灾，彻夜反思，祈祷南海神普降甘霖之情溢于言表。英宗还加强了对岳镇海渎的管理：要求礼部、工部"若岳镇海渎庙宇焚毁不存，用工多者，布政司、按察司官时加提调，务在敬慎。遇有损坏，即奏来定夺"；对庙宇完好的，"皆选诚实之人看守，时加提督……不许废坏"；并派官员随时巡视，如有遭到毁坏的，有关官员都要查处。看来英宗很是重视国家祭祀。

明宪宗朱见深也是一位热衷于祭祀南海神的皇帝。他极为迷信，祭神殷勤，求神护佑其皇位和国事安宁，五次派官南下祭祀南海神都留下了碑记。明宪宗在位二十三年，期间自然灾害频发，成化四年（1468 年）"雨旸不时"；成化十三年（1477 年）则是天时不顺，风雨不调；成化二十年（1484 年）更是雨雪全无，旱灾严重。所以因旱涝灾害而祷告南海神的次数也多。成化十八年（1482 年），由广州府判刑部主事余志主持维修南海神庙。这次维修规模较大，由修成之后余志所写的《重修南海神祠记》我们可以知道，其间将原来木质牌坊换成了石质牌坊；大门旧匾额"祝融"改为"南海神祠"；以石板重新

铺砌了庙内外各道路；新修大门、仪门及东西廊庑、拜香亭、前殿、后殿并新修了厨库和斋堂一所以及供客人居住的斋房。这是明代规模最大的一次维修。

明世宗嘉靖帝是一位十分可笑的皇帝，曾因无子而祭祀南海神。嘉靖帝自小就崇尚道教，即位很久也无后代，为此，嘉靖帝非常焦急。为了求子，他于嘉靖十一年（1532年）特派钦差道士周大同、广州同知沈尚经到南海神庙祭祀，祈求南海神保佑早得皇子。朝廷命官奉旨到南海神庙后，举行了极为隆重的祭祀仪式，恭恭敬敬地对着南海神行三跪九叩之大礼，并献上了三牲等祭品。也许是嘉靖皇帝诸多虔诚祈祷，终于感动了上天，嘉靖十五年（1536年）冬，喜从天降，皇子降生，此后到次年底，皇子频繁降生。嘉靖帝龙颜大悦，又于嘉靖十七年（1538年）专门特遣钦差道士周大同、广东左布政使陆杰带上香帛等祭品赴南海神庙，祭祀南海神，还专门建立酬谢碑刻。南海神庙西复廊有两块至今保存完好的碑刻，分别是嘉靖十一年和嘉靖十七年为求子并酬神所立的《御祭南海神文》，真实地为我们再现了当年嘉靖帝为求子并酬谢而祭祀南海神的那段有趣的历史。

历史上著名的清官海瑞，也与南海神庙有着一段渊源。嘉靖四十五年（1566年），任户部主事的海瑞向世宗上了一份史无前例的奏疏。奏疏指责世宗嘉靖皇帝迷信道教，不理政事，二十余年不视朝，使得君道不正，臣职不明，吏贪将弱，赋役常增，民不聊生。正所谓"嘉靖者，言家家皆净而无财用也！"海瑞直率地批评嘉靖帝残忍、虚荣、多疑和愚蠢，说"天下不直陛下久也"，即天下人早就认为你不正确了。世宗又气又恼，下令把海瑞逮捕入狱。海瑞就这样在狱中待了近十个月。到新皇帝隆庆帝登基时，因大赦天下，他才被释放出狱。但是究竟给予海瑞一个什么样的位置才合适，立刻成了朝廷的一个难题。此时海瑞的声望已家喻户晓，但由于极端的廉洁和耿直，使得他和整个官场格格不入。最后，复出后的海瑞担任了位高而无任何实权的虚职——大理寺丞。隆庆元年（1567年）三月，穆宗朱载垕派遣海瑞祭祀南海神，祷告南海神穆宗即位改元，祈祷南海神保佑江山永固。

特别值得一提的是，南明王朝也曾派遣官员祭祀南海神。就在明王朝被李自成军攻破北京时，崇祯皇帝自尽，在江南的一部分明朝官僚于顺治二年（1645年）五月在南京拥立福王朱由崧为帝，建立南明

弘光政权，企图恢复明朝统治。福王即位后，即派官祭祀南海神，南海神为庇佑南方之神灵，南明弘光政权也希望南海神能保佑其江山安稳延续。

8. 明代地方祭祀

明代地方官员对南海神的祭祀，因属职责所在，亦算尽职尽责。洪武二年（1369年），中书掾高希贤负责修复南海神庙，番禺县尹吴诚负责督工。维修后的南海神庙"宏敞百倍于前，遂称'海外奇观'云"。庙落成之后，征南将军廖永忠率地方官员斋戒行礼祭祀南海神。而且此次维修也复建了庙西的浴日亭，题匾额为"拱日亭"（郭棐：《岭海名胜记》），使南海神庙更成为一方名胜，魅力无穷。

景泰六年（1455年），南海神庙所在的番禺县鹿步司巡政司，其流官、巡检和南海神庙道士重新铸造一口铁钟，供奉在庙内永远祭祀南海神（同治《番禺县志》）。铁钟目前依然完好地安放在神庙，供后人追忆南海神庙过去的辉煌岁月。

嘉靖朝除了中央的祭祀，地方每年两次祭祀如常进行。嘉靖四十年（1561年）广东左布政使刘廷诰和嘉靖四十三年（1564年）两广总督张皋对南海神庙的祭祀就足以体现地方对南海神的祭祀一如既往。正因为南海神有功于国家和地方，在朝廷和官员当中具有较大的影响，因而南海神庙在嘉靖初广东督学魏校"尽毁广东淫祠"时未受影响（乾隆《番禺县志》）。这也是南海神庙保留至今的主要因素。

万历元年（1573年），由于南海神在岭南一带的威信依然存在，信士、信官、信秀、信吏自觉自愿铸造铁鼎供奉南海神，以表达他们的信诚之心。陈良谏等八位信士"合同信官、信秀、信吏等诚心舍供器五口，重二千余斤，敬奉殿前，永远供养，祈保众信合家清吉，老幼健康，子孙昌盛，福寿无疆"（同治《番禺县志》）。由此可知地方祭祀南海神依然兴盛。

传说南海神不仅保佑国家和地方平安无事，而且对老百姓的诸多诉求也是有求必应。因此"乡洛之间，即如田夫、牧竖、妇人、女子，每谈神赆，则缠缠不绝于口，其道远不能祈谒者，则各为行祠，肖神貌而奉之，旦夕奔走祠下，有事必呼，有呼必应"（叶廷祚：《重修南海神像记》）。珠江三角洲一带纷纷建立了南海神祠。时任太常寺卿、广东南海人叶廷祚甚至于天启元年（1621年）把其父母安葬于庙

040

后的雅瑶冈，接受神的保佑，把庙前肥沃的十亩良田捐献给南海神庙。可见南海神在老百姓的心中依然是神圣灵验的。

明末，随着走私贸易日趋活跃，海上匪寇猖獗。官兵在出海平叛前，都要到南海神庙祭祀祈祷。崇祯七年（1634 年），海寇刘香出没于海上作乱，粤民惶惶不已。两广总督熊文灿率军讨伐。在闽军首领郑芝龙配合下，官兵获得大胜。这是明末南海神又一次显灵，展现了神秘的法力，得到了又一次崇拜。

明朝的天灾人祸非常频繁，尤其是干旱、水涝特别多，因此明代的祭祀海神次数比历朝都要多。对国计民生的关注，使越来越多的普通老百姓走近了南海神。

明代地方上的倡导，民间的自发捐献供器、建立神祠行为，证明了南海神在地方依然发挥了重要作用，但这些也不能阻止其走向衰落的趋势。

9. 清代朝廷祭祀

到了清代，对南海神的崇敬致祭一如既往。其中尤以康熙、乾隆时期最盛。康熙皇帝是一个热衷于祭海的帝王，他曾先后十四次派遣高官重臣前往祭祀南海神。除了每年常祭，立太子、皇帝华诞、皇太后升祔太庙、天灾人祸、平定叛乱都前来祭祀南海神。康熙三十六年（1697 年），因为平定了噶尔丹叛乱，皇帝派遣都察院右副都御史熊一潇致祭南海神，以歌颂皇帝三次亲征噶尔丹，承蒙南海神保佑，大功告成，塞北永清。因南海神维护了国家统一、社稷安稳而受到国家祭祀的殊荣。康熙四十二年（1703 年），康熙皇帝五十大寿，朝廷认为南海神威力无比，护佑国泰民安，功绩很大，所以康熙御笔亲书"万里波澄"，并制成匾，派户部右侍郎范承烈将匾专程护送到南海神庙，并专门立碑纪事。如今这块碑依然屹立于南海神庙仪门内庭院，碑上的四个金色大字熠熠生辉。国家和人民期望南海神保佑海不扬波、海上安全的美好愿望由此可见一斑。

康熙皇帝在位长达六十一年之久，除了每年常祭之外，史料记载有十四次因亲政等大事派使前来祭祀南海神，大量的祭祀资料没有留存，可见其祭祀次数之多。

雍正三年（1725 年），清世宗胤禛又别出心裁，封南海神为"南海昭明龙王之神"，派广东巡抚、都察院右副都御史年希尧祭祀南海

神并又一次修复南海神庙，庙宇为之一新。"中为神祠，西为斋宿所，东为厨库、牲房，南为仪门，再南为华表，望洋之所。"（乾隆《番禺县志》）这是封建帝王对祝融的最后一次加封了，也是清代唯一的一次封号。

乾隆二十年（1755 年），平定了准噶尔叛乱，加上给皇太后加徽号"纯禧"，特派兵部右侍郎李清芳致祭南海神。南海神施惠一方，平定叛乱，天下同乐，与神共庆。之后在乾隆二十四年（1759 年）因平定回部地方叛乱、乾隆四十一年（1776 年）因平定大小金川、乾隆五十年（1785 年）皇帝登基五十年喜庆、乾隆五十五年（1790 年）皇帝八十寿辰等大事都派大臣祭祀南海神。

嘉庆五年（1800 年），皇帝派遣内阁侍讲学士裴行简祭祀南海神。此次祭祀主要因敬奉高宗神位于天坛，礼成而祭告天下。祭文首先颂扬了南海神的功绩，再叙述此次祭祀的目的是恭奉高宗升配南郊礼成。同时还御赐南海神庙匾额"灵濯朝宗"，以示尊荣。

道光二十九年（1849 年），广东巡抚叶名琛、南海绅士谭莹等修复南海神庙，感谢南海神相助，抗击英国侵略者侵入广州，正是由于"神之大有造于粤地"，才出现了官民共同修复南海神庙的举动（同治《番禺县志》）。

同治三年（1864 年），清廷镇压太平天国起义，收复了南京城，因而祭祀岳镇海渎。这是清廷最后一次因平定境内起义而祭祀岳镇海渎等国家山川。同年十二月二十四日，皇帝派广东广州满洲副都统库克吉泰祭祀南海神（宣统《番禺县续志》）。

清代因各种国家大事祭祀南海神多达六十余次，而且从道光皇帝开始，常派遣广东地方副都统这样的军事官员祭祀南海神，可以看出，祭祀南海神的目的以保卫国家安稳为主，这样的祭祀制度已成为朝廷实行统治的必要组成部分，失去了与地方民众的亲和力。与其他神祇一样，南海神已没有什么特别之处。随着封建王朝的消亡，封建国家的祭祀也悄然隐退。

10. 清代地方祭祀

清代地方上祭祀南海神最值得一提的是，顺治六年（1649 年），平南王尚可喜南下攻克广州，随后统治广州达二十年之久。康熙皇帝即位不久，派遣太常寺官员祭祀南海神，平南王尚可喜为之题写了

《重修南海神庙题名碑记》，不仅述说了古代皇帝祭祀南海神的由来和历代封号，而且记述尚可喜奉命南征，平定收复广州的功绩，感谢南海神的保佑之功。康熙三年（1664年），广东陆丰碣石民众违抗朝廷要求禁海迁界令，尚可喜出兵平叛，路过珠江口，素闻南海神之威名，特此祭拜，以求南海神保佑顺利平定叛乱。不久凯旋，为感谢南海神的庇佑，新修南海神庙。尚可喜带头捐资，广州地方官员闻风纷纷捐资，一年之后，新庙修成，举行盛大的祭祀刻碑仪式，场面空前热烈。

由于地方官员一如既往地依例祭祀南海神，因而不可避免在地方官员的奏折中留下了祭祀南海神的情况。如乾隆八年（1743年）十一月初五，广东巡抚王安国的奏折提到："省城南海神庙离城八十里，每年十月内例应巡抚于壬日亲往致祭，查十月二十三日系壬申宜祭之日，臣于二十二日起身……"看来祭祀南海神仍是地方官员的职责所在。非常有趣的是，乾隆皇帝在此奏折上朱批："此即昌黎文中之南海神耶？其碑石今存否乎？随便查明具奏。"于是次年七月二十九日，已升为兵部尚书的王安国遵旨查明再次回奏，南海神庙在广州东南海道八十里，扶胥之口，地名黄木湾，又名波罗江，韩愈所书碑石仍在庙中，而且还提到，他已把韩愈碑的摹本进呈给了皇帝。乾隆二十七年（1762年）十二月初八，广东布政使史奕昂的奏折也提到，省城南海神庙，每年二、八月藩司致祭一次，十月巡抚亲祭一次。他于当年八月二十五日前往致祭，因遇风浪二十七日方返回。因而他在奏折中不仅呈报祭祀，还汇报由于水路时日不保，已经修理原有陆路之事。

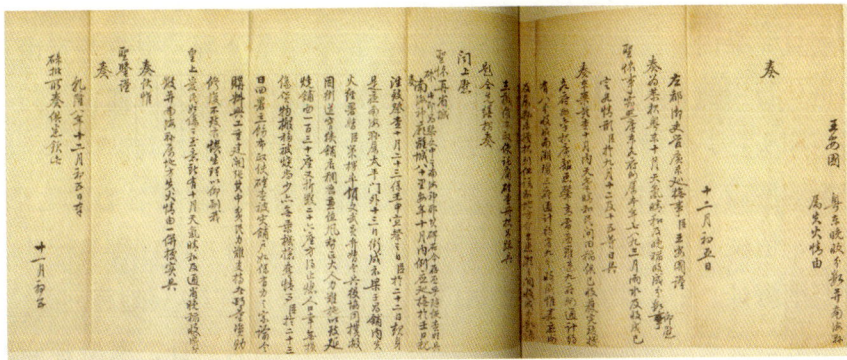

乾隆八年广东巡抚王安国祭拜南海神庙的奏折

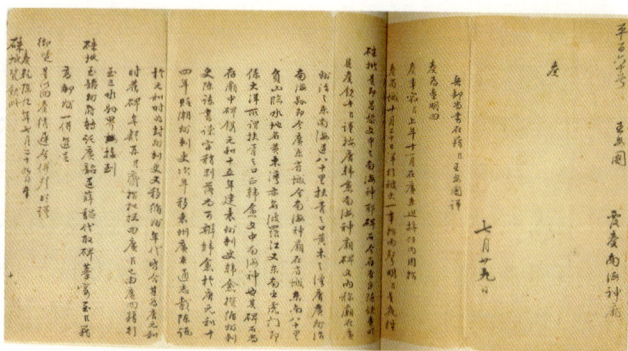

乾隆九年兵部尚书王安国遵旨访查南海神庙的奏折

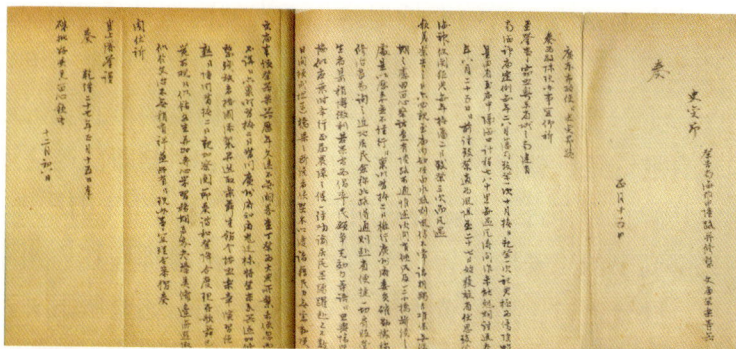

乾隆二十六年广东布政使史奕昂的奏折

关于祭祀的礼仪如何，历代文献为我们留下了大量祭祀南海神的详细资料，而其中祭祀南海神的礼仪细节我们从雍正《广东通志》便可知晓。试看当年庄严肃穆的一幕："朝使恭赍御祭文、香帛至，文武各官衣朝衣，出郭跪迎。登岸，南海、番禺二县官恭捧御祭文、香帛安置龙亭内，三品以上官跪迎圣安，龙亭先至公所，中堂各官由各门进，行三跪九叩头礼，择定祭期。预日，番禺县至公所迎请，行一跪三叩头礼，备鼓乐，依仗引龙亭至河边，各官衣朝衣，跪送，各回。船至波罗庙，番禺县行一跪三叩头礼，恭请登岸；陪祭各官具吉服，鼓乐、依仗迎至庙内，行一跪三叩头礼。至期黎明，各官斋集行礼。"御祭南海神，中央来的使者抵达广州，地方官员小心翼翼地跪迎祭文、香帛等，御赐的祭品暂时存放于地方公所，祭祀前一日，南海神庙所在的番禺县令又一次跪迎上船，沿水道至波罗庙，在鼓乐声中仪仗高悬入庙祭祀。地方官员作为陪祀官，也有严格的礼仪规定，丝毫不得违规。每年致祭南海神，"先期，陪祭官赴南海庙省牲"，祭品按照中

央的规定——备齐：帛一、牛一、豕一、羊一、登一、铏一、笾十、豆十、簠二、簋二、酒尊三。到了祭日，"主祭官衣蟒衣，礼生禀请行礼。至盥洗所赞盥洗，盥洗毕，引至殿内行礼处立，通赞唱'执事者各司其事'，'陪祭官各就位'，'主祭官就位'，'瘗毛血迎神'，行二跪六叩头礼，'行初献礼'，引唱诣酒樽，所司樽者举幂酌酒诣神位前，跪进帛、进爵、叩头，诣读祝位跪，众官皆跪；读祝毕，叩头，复位。通赞唱'行亚献礼如初献仪'，'行三献礼如亚献仪'，通赞唱'饮福受胙'，引唱诣饮福受胙位，跪饮福酒，受福胙，叩头，谢胙，一跪三叩头，复位，通赞唱'徹馔'，'送神'，行二跪六叩头礼，司祝者捧祝，司帛者捧帛，各诣沉帛所，引唱诣望沉帛位，引承祭官至河边，揖，复位，礼毕。"（雍正《广东通志》）读罢这一系列繁杂的祭祀过程，庄严肃穆的祭祀场面仿佛就呈现在我们眼前。由此可见祭祀礼仪之规范、场面之隆重。由于地方官员在祭祀中承担了很重要的角色，所以"每岁春秋仲月壬日致祭，先出香盒于官库，赍至神前，祭毕复归藏焉"（李调元：《南越笔记》），除了香盒，祭祀所需的祝、笾、豆、簠、簋、爵、铏、筐、尊、函等亦收藏于官库（崔弼：《波罗外纪》）。由于清代后期，中央不再赐予祭品，祭祀官员也由地方官员担任。广东布政使为一方主管民政之官员，祭祀南海神，便成了他的一大要务。比如雍正年间的广东布政使王士俊，每年都亲自前往祭祀，祭前必斋戒，即使上级委派其他事情，也以祭祀为先，是地方官祭祀南海神之杰出的代表。

（二）民间祭祀

南海神庙一开始就是朝廷官方祭祀的场所。但作为神灵，它的灵异无疑也是普通百姓生活所需要的一种精神保证。自古至今，南海神在民间同样拥有极大的魅力，民间祭拜的热情丝毫不逊于朝廷。

1. 古代波罗诞

南海神诞又称波罗诞，有着上千年的历史传统，诞期为每年农历二月十一至十三，其中二月十三日为正诞。每逢神诞，珠江三角洲一带村民和善男信女便结伴从四面八方来到庙头村，南海神庙周围热闹非凡。当地民间有"第一游波罗，第二娶老婆"之俗语流传，可见民间对神诞极为重视。

波罗诞庙会依托黄埔得天独厚的自然条件、八面来风的地理优势，形成广州乃至珠三角地区最古老、最盛大的民间庙会。千百年来，每逢波罗诞，到南海神庙祈福、还愿的群众络绎不绝，约定俗成，蔚然成风。赤诚之心，虔诚之意，表达了人们崇尚和谐，向往美好幸福生活的精神寄托。同时，也衍生了四乡会景（五子朝王）、祭祀海神、舞狮子、演大戏、烧花炮、杂耍等丰富多彩的民俗文化活动，成为珠江三角洲地区民俗文化的聚集地和展示地，成为彰显和传承民俗文化的最佳载体。

波罗诞庙会期间人头攒动

南宋时期，随着广州海上贸易的繁荣，民间祭祀南海神异常热闹。南宋人刘克庄对波罗庙情有独钟，留下了描写庙会盛况的《即事》诗二首：

其一

香火万家市，烟花二月时。
居人空巷出，去赛海神祠。

其二

东庙小儿队，南风大贾舟。
不知今广市，何似古扬州。

诗中形象地将庙会的盛况与古代扬州之繁华相提并论，由此可知古代南海神庙庙会祭祀海神的热闹景象。

清代举人、番禺人崔弼在《波罗外纪》中也为我们留下了波罗诞期民间祭祀的盛况：

波罗庙每岁二月初旬，远近环集如市，楼船、花艇、小舟、大舫，连泊十余里。有不得就岸者，架长篙接木板做桥，越数十重船以渡。

其船尾必竖进香灯笼，入夜明烛万艘与江波辉映，管弦呕哑，嘈杂竟十余夕，连声爆竹，灯火通宵。登舻而望，真天官海市不过如是矣。至十三日，海神诞期，谒神者仅三更烧豭（小公猪）、蜡、燕、斋、楮、帛、蚝、脂，络绎庙门，填塞不能入庙，内置小桌数百，桌前置香炉烛台、置席、置签珓，就席拜谒者，赁以钱两，庑下卖签语者、卖符者，僧、道、巫、觋、黥奴、乞丐，拥杂衣冠不可穷诘。庙前为梨园戏一棚，近庙十八方各奉六侯，为卤薄葳蕤，装童男女作"万花舆"之戏，

《波罗外纪》封面

至鹿步、墩头、芳园，皆延名优，费数百金以乐神。庙前搭篷作铺店。凡省会、佛山之所有日用器物玩好闺阁之饰、儿童之乐，万货荟萃，陈列炫售，照耀入目，其鬻小鼓、小铮、笙、竽、簏、笛者，必叮叮当当，滴滴坎坎，刺刺聒耳。糊纸做鸡，涂以金翠或为青鸾彩凤，大小不一，谓之波罗鸡。凡谒神者、游览者必买符及鸡以归，馈遗邻里，谓鸡比符为尤灵，可以辟鸟雀及虫蝗作护花铃云。祀神毕，登浴日亭，听铜铮四响，兰桨动摇，蒲帆齐举，海艘悉发矣！潮未长沙田阁，舟倩蛋人，推桅如撬行泥中，驼牵蚂蚁，附岁无赖子业，此得升汁者，数十百人，甚有剪柳钻舱，治以鹿步巡司；惟喝雉呼卢，一掷百万，连船轰赌。不能察觉，比于金吴驰禁也。至花朝以后，男船退毕，女舸渐登，近而红粉村姑，山花插髻，远则青楼荡妇，浪蝶随身，借祈祷之名，恣为游观。海光寺里，坡诗亭子，冶服艳妆，遗钗坠珥，此亦嬉春旧俗矣。

　　这段记载，非常生动地记录了清代波罗庙会的盛景。波罗诞期间，远近百里的乡民，纷纷前来祭祀南海神，庙内庙外，车水马龙、游人如织，勾勒出一幅热闹非常的岭南风俗图，比之《清明上河图》中的繁华景象亦毫不逊色。

　　岭南文化的平民世俗特色在此表露无遗。岭南地处边陲，"山高皇帝远"，受到封建宗法制度的直接影响较少，历代世袭的贵族特权

阶层较少、皇亲国戚较少，因而岭南文化的贵族特性较淡，文化的平民性、世俗性特征比较突出，岭南文化所具备的较多娱乐性、通俗性、实用性在此展现无遗。

民国时期，延续千年的波罗诞依旧热闹非凡。据广州的《越华报》1934年3月29日报道："番禺第四区庙头乡，又名波罗，有洪圣庙，建于村外。庙前滨海，背后枕山，颇饶风景，为羊城八景之一，岁中香火颇盛。每届洪圣诞辰，循行例会，举乡若狂，或演梨园助庆，联同鹿步、南湾、夏园、沙涌等乡轮流充当主会。……惟游客特众，兴高采烈，攘往熙来，人山人海，挤拥不堪，故俗有'第一游波罗，第二娶老婆'之谣。"由此可见，民国年间波罗诞民间祭祀依然兴旺。

古代每年农历二月上旬，方圆数十里的城乡居民就络绎不绝地前来南海神庙参拜祈福，俗称"游波罗"。古时的南海神庙近海，附近一带河网交错，人们多从水道前来。波罗诞的那几天，只见楼船花艇、大舟小舸在河面连泊十余里。有些船无法靠岸，只好架长篙接木板做桥，经过数十重船才能登岸。到了晚间，各船头高高挂起进香灯

波罗诞庙会烟火缭绕的祭祀场面

笼，千万盏明灯与珠江相映，十分壮观，这样连续十多个昼夜，管弦齐作、爆竹连声，犹如天宫海市。特别每年农历二月十三日的正诞日，更是热闹非常。

波罗诞正值春汛期，珠江水位上涨，海水淹没了黄木湾的沙田，淹没了"海不扬波"牌坊前面的泥滩。由于前来拜祭的人很多，庙前的船艇云集，犹如一个船艇赛会。所以，每条前来拜祭南海神的船都会装饰一新，争艳斗丽。船艇为表明自己的身份，插上各式彩旗，还要插上本村或本族身份的标旗和罗伞，船尾挂大小各式灯笼，船头和船尾点着香火。有的船头还要布置一平台，用来表演具有乡间特色的戏曲、歌舞等。到了夜晚，南海神庙前一带的海面就更热闹了，上下

波光，流光溢彩。东莞来的船艇燃放五彩缤纷的烟花；佛山来的船艇挂满千姿百态的灯饰；番禺来的船艇表演令人叫绝的飘色；顺德来的船艇表演擅长的粤剧。有的船艇敲锣打鼓在舞狮，有的在舞刀弄棍表演功夫……人们在船上听曲唱戏，搓牌赌博，饮酒猜拳，品味美食，谈古论今，挥毫雅集，寒暄叙旧，其乐无穷。正如崔弼在《波罗外纪》所言："入夜明烛万艘与江波辉映，管弦呕哑，嘈杂竟十余夕，连声爆竹，灯火通宵。登舻而望，真天宫海市不过如是矣。"如此人间盛事，海上会景，如神仙过的日子，一年只有那么短短的几天，难怪民谣说"第一游波罗，第二娶老婆"。

波罗诞是当地独一无二的节庆，是四周乡民们共同参与的盛会，有着厚重的本土民俗特色。

2. 祭南海神习俗

南海神庙又是祈福求运的福地。波罗诞成了普通民众祈福拜神、祈求转运的好日子。在农历大年初一到初七，人们就会来到南海神进香祭拜，各有所求，各得所愿。二月上旬开始，拜神的人就逐渐增多，有的赶在正诞日之前祭拜，有的一心要选择正诞日参拜。正诞日有烧五更香的民间风俗，即清晨越早进庙祭拜烧香，越显虔诚之心。因此农历二月十三日波罗诞的正诞之日，善男信女们都为争烧五更香，三更起床，梳洗完毕，争相入庙进香，礼拜祈祷，祈求福佑。由于人太多，"庙门填塞不能入庙"，有些年纪大的，实在挤不进庙里烧五更香，只好在庙外烧香、祀神。更有些远道而来的香客和信众，为争上五更香，他们往往摸黑即起，赶在三更时分，在波罗庙前码头附近

民众拜祭

空地，挖穴成炉，烘烧乳猪，这些习俗与近年庙前考古发现的众多祭祀坑相互得到印证。五更一来临，即带烧猪入庙拜神。一些珠江三角洲各地来的祭拜者甚至在二月十二日晚就带着简单的行李来到南海神

庙，晚上在南海神庙过夜，争得烧头炷香，也借以吸收南海神庙圣地之灵气，祈求带来好运。

由于参神拜祭的人太多，波罗诞庙会期间还会出现一批专替香客拜神的人。他们代香客把供品、香烛带入庙堂，代客参神。庙的中庭石阶，设数十个小桌，供参神所用。代客拜神者，事毕之后，把供品送回香客，赚取一些利是钱。难怪崔弼的《波罗外纪》说"奉祀事司洒扫代飐"。

为了求得风调雨顺、国泰民安，庙头十五乡的民众在庙会期间还有打醮习俗。他们在庙内设醮坛，请庙祝或僧道巫师行打醮之礼。据庙头老人回忆，庙内打的是禾农醮，求五谷丰登。一般五年或七年打一次醮，遇到打醮的那一年，波罗诞庙会就特别热闹了。

粤人是多神崇拜，神庙内除了供奉南海神，还有其夫人和下属等，也有观音和广州本土的神——金花娘娘，还有"番鬼望波罗"——达奚司空等。因此前来参加波罗诞庙会的，既有拜神动机比较专一、有所求才去拜的，也有不管是何方神圣，只抱着"礼多神不怪"的态度，进庙就烧香，见神就跪拜的。如今赶波罗诞庙会的民众不再是祈祷"出海平安"，祈福的内容可谓五花八门，善男信女各怀心意，祈求风调雨顺、海不扬波、国家平安、人民富裕，更寄望这位"灵应昭著"、"法力无边"的南海神保佑自己和家人幸福安康。

香客拜祭完毕，多会买张波罗符和平安符。波罗符有多种，最常见的是符中印着洪圣王像，有文武二臣（神）侍卫，由庙祝盖上洪圣王玉印即成。有些符印的是钟馗、华光帝或其他神像。善男信女们把符请回家，贴于厅堂，以求辟邪镇宅。而平安符比较简单，一张四方黄纸，盖上洪圣王玉印，折成纸角，随身携带，即可辟邪消灾，保平安健康。

自明嘉靖皇帝向南海神求子成功之后，民间到南海神庙求子的人愈来愈多，渐渐成为一种民间习俗。欲生儿子的妇女要向南海神敬奉香烛美酒，到南海神庙夫人后宫，摸一摸龙床，照一照梳妆镜，然后到仪门前廊东边的金花娘娘前跪拜。有的妇女还偷偷地拿走摆放在金花娘娘身边的木偶小孩像，待生了儿子再回庙谢神放回原处。

旧时拜完南海神，从神庙出来后还有在河边插上几枝柳条的习俗，因为民间传说柳有辟邪之功效。有些谒神者运程不好，在波罗诞

期间借敬神之机，又在河边插枝绿柳辟邪转运。随着环境的变迁，庙前的河道淤塞，成为陆地，绿柳也无处可插，因而这一习俗消失多年了。令人惊喜的是，2006年在南海神庙前考古发现了明清古码头，在古码头边又发现一大簇绿柳，且越长越旺。人们纷纷传说，这些绿柳原来就没有死，深藏在波罗庙前的泥土中，一有机会就绽放新芽。

人们在波罗诞期间除烧香化宝之外，还会击鼓乐神，敲钟祈福。旧时有奠酒祛病的习俗，以前南海神像下面放有一铁槽，状如小船，供善男信女祭酒时盛放。于是人们带点铁槽里的酒回家，传说喝了此酒可以驱邪祛病。可惜此铁酒槽早已不知去向了。

端午节是我国的传统节日，民间还有在五月端午祭神的习俗。黄埔地区的乡民在龙船出水或新船落成之际，也要到神庙拜祭南海神，以求龙船一帆风顺，平平安安。每逢农历五月初五前后，顺德、番禺、南海、东莞、增城等地的龙船出水后，乡民兴高采烈地划着龙舟来到黄木湾，一时鞭炮齐鸣，锣鼓喧天，乡民虔诚地抬着金猪入庙，向南海神敬奉香烛、奠酒，行一跪三叩头礼，祈祷南海神保佑龙船平安，在赛龙舟时独占鳌头。祭祀完毕之后把金猪抬到岸边分而食之，又在鞭炮声中高高兴兴地划着龙舟离去。

古代，人们的生活与天气紧密相关。旱涝灾害直接影响人们的生活。如果遇到天大旱，四乡民众就要到南海神庙祈雨。庙头村和新塘一带的老人都说，旧时南海神庙有一个铜鼓，增城新塘镇有一个籓钟，传说籓钟是东汉马援将军平定交趾叛乱后路过增城，赠送给新塘镇的头盔。遇到天气大旱，新塘和东莞等地的乡民就会祈求南海神降雨。祈雨的仪式隆重而庄严：数十位男子全部身穿黑色衣服，把籓钟放在椅子上，用两根青竹子扎稳，排着队列，半夜出发，来到南海神庙时天尚未亮。他们用籓钟盖住庙中铜鼓面中间的太阳纹，因为没有太阳才能下雨。然后八名穿着黑色衣服的男子，各拿一把大葵扇，围着铜鼓手舞足蹈，边转边摇大葵扇。黑色衣服代表着乌云，摇大葵扇表示起风。由于扇起的风会使铜鼓边上青蛙口中的铜珠子震动，发出响声，寓意青蛙鸣叫，天降甘霖。

一旦祈雨成功，村民就会到神庙感恩还神，感谢南海神降下甘霖。还神的活动亦很隆重，受惠的乡村民众会骑着高头大马，排着长长的队伍来到南海神庙，整夜庆祝。飘色、舞狮、舞龙、唱戏、杂耍等各

色表演一应俱全，和庙会一样，非常热闹。

3."五子朝王"

民间祭祀南海神的大型活动更是形式多样，内容丰富多彩。比如"五子朝王"、花朝节等。

波罗诞期间最为壮观的活动是"四方会景"，也叫"五子朝王"。"五子朝王"是将供奉在附近十五乡村的洪圣王五个儿子的神像，在南海神正诞日一齐抬到南海神庙，拜见父王，为其贺寿。那热闹喜庆的景象把波罗诞庙会活动推向高潮。

传说洪圣王的夫人是"明顺夫人"，生了五个儿子，均以"安"（或案）字为名。这五个儿子个个争强好胜，于是南海神给他们起名，从大到小依次为大安、元安、始安、长安、祖安，名字不分先后，平等对待。自明代开始，在波罗诞正诞之日，"五案"都由十五乡乡民分别抬到南海神庙中庭，向南海神祝寿，称"五子朝王"，也称祭海神，一年一小祭，三年一中祭，五年一大祭。

"五子朝王"时，各"案"由盛装巡游的乡民抬着，标旗高竖，前后左右十八般武器护卫，鼓乐齐鸣，浩浩荡荡从各乡会集南海神庙进行祭祀活动。祭祀完毕，各"案"由各乡抬回。神像返回之后各乡自设祭坛，男女老少云集，迎接神像，有的乡村还舞龙舞狮助兴。"五子朝王"活动反映了乡民祈求风调雨顺、国泰民安的愿望，体现了乡民对民富物丰的追求。

南海神庙附近村民在波罗诞期间举行的十五乡巡游

传说有一年夏天，海水上涨，一根大木头从上游漂到了南海神庙前，任凭汹涌的波涛怎么冲击，木头依旧纹丝不动。好奇的乡民发现木头上面有一行字，说是广西十万大山的乡民，特以此木献给洪圣大王雕塑神像，感谢南海神保佑他们风调雨顺。于是人们将这根大木头一分为六，头段雕塑洪圣王像，其余五段分别雕塑其五个儿子的神像。

这"五案"神像的须都是黑的，大安神是金面，二子元安粉红面，三子始安枣红面，四子长安红面，五子祖安粉面。五子神像分别由附近的十五乡在村中供奉。十五乡分别是：夏园、墩头基、正心街、南湾、东湾、东平坊、沙涌、鹿步、大小塘头、双岗、沙浦、华坑大庄、庙头、西湖、贯街等。其中大安神像由夏园、墩头基、正心街乡供奉，元安像由南湾、东湾、东平坊供奉，始安像由沙涌、鹿步、大小塘头供奉，长安像由双岗、沙浦、华坑大庄供奉，祖安像由庙头、西湖、贯街乡供奉。

五个儿子中，长子大安聪明能干，谋略过人，能够协助南海神工作，被封为"辅灵侯"。二子元安为人忠厚，办事牢靠，南海神对他格外放心，被封为"赞灵侯"。这两子享受"侯"级待遇。四子长安负责巡海，兢兢业业，为打救遇难航船功不可没。五子祖安负责管理庙堂，有条有理，亦深得南海神宠爱。唯独三子始安生得虎背熊腰，身强力大，喜欢顶撞南海神，故此南海神不大喜欢他，各种待遇都没享受，始安心里不服。传说他凭自己的聪敏立过大功。有一回，良马菩萨邀请仙人罗隐连夜赶仙羊入海化石堵塞珠江，使南海水族不能到南海神庙朝王，以此来羞辱南海神。南海神与罗隐约定，如果仙羊

波罗诞期间五子朝王的巡游队伍

在鸡啼时不能入海，就要停止前进，立化为石。那天，罗隐赶的仙羊三更就到了龙头山，眼看就要入海了，在此紧急关头，始安灵机一动，扯起喉咙学鸡啼，引得四周村庄的鸡纷纷啼唱，罗隐赶的仙羊马上停止前进，在龙头山化为石块，珠江避免了堵塞之灾。这件事始安是有功的，但南海神不以为然，始安非常生气。因此父子常因小事而争执，始安就得了个绰号——"硬颈（粤语，执拗的意思）三"。

这五位小海神平时就在各自的神殿里享受三个乡村供奉的民间烟火，到了波罗诞"大会景"的日子（一般是每五年一届），正诞当天，

乡民们一早就为本乡的神像净身，洒上香茅柚叶水，换上新衣，然后恭敬地抬着神像，这一路上鞭炮声声，锣鼓齐鸣，前方标旗指引，罗伞盖顶，刀枪剑戟等十八般武器护卫，前呼后拥地逐坊逐乡去巡游，这叫做"鉴贡"。乡民们在后面抬着供品，举着彩旗，浩浩荡荡地汇聚在神庙，向南海神祝寿。传说有一年，沙涌乡的乡民抬着三子始安正面入庙，抬轿者刚迈上台阶，怪事发生了，抬轿杠突然就断了，大家想起他的"硬颈"脾性，即使为南海神祝寿，也不肯收敛。于是只好换了抬轿木杠，背面而入庙。从此，南海神的第三个儿子始安进庙与其他小海神不同，总是背面而入神庙，否则抬杠会折断。

南海神庙波罗诞期间的飘色巡游

"四乡会景"场面非常热闹，各"安"（案）神像所到之处，沿途观众纷纷涌出，哄抢祭祀供品，传说吃了供品，小孩会健康成长、聪明伶俐。朝王后的小神像回到供奉他的乡村还要热闹一番，先到各大宗祠接受拜祭，然后该乡设祭坛和"贡坛"，供品有烧猪、烧鹅、鲤鱼、猪油、鸡等，还有五款斋菜、五种饼，各式供品齐全。有的乡村还舞龙舞狮助兴，像过节一样。将神像迎回到乡庙，乡民便纷纷出来，争先拜祭，一时香火极盛。

拜祭完毕，各乡的乡亲们朝着祠堂蜂拥而去，在那享受"朝王"的大餐，借以沾沾南海神的灵气。

在崔弼的《波罗外纪》中有这么一句"近庙十八乡各奉六侯为卤薄"。看来与"五子朝王"有所不同。何时十五乡分别供奉五子，又何时变为十八乡分别供奉六侯，不得而知，有待进一步研究。

这一民俗活动在20世纪50年代就中断了，当年热闹的场面不复存在。可喜的是，在21世纪这一有着悠久历史的民间祭祀活动终于重现在世人面前。为了迎接瑞典"哥德堡Ⅲ"号仿古船重访中国、重访南海神庙，"五子朝王"活动由原来南海神庙附近的十五乡重新恢复，

2007 年在南海神庙"海不扬波"牌坊前面的广场再现过去那盛大而热闹的一幕。

4. 花朝节

花朝节也是一个民间祭祀南海神的盛大活动。唐时花朝节已经开始在全国盛行。在唐代的诗文及史籍中，关于花朝的记载已很常见，如司空图的"伤怀同客处，病眼却花朝"（《早春》）、卢纶的"虚空闻偈夜，清净雨花朝"（《题念济寺晕上人院》）。而在成书于后晋出帝开运二年（945 年）的《旧唐书》的《罗威传》中，也有"威每到花朝月夕，与宾佐赋咏甚有情致"这样的文字记载。民间传说，唐太宗李世民在花朝节这天曾亲自于御花园中主持过"挑菜御宴"。中国唯一的女皇武则天嗜花成癖，每到农历二月十五花朝节这一天，她总要令宫女采集百花，和米一起捣碎，蒸制成糕，用花糕来赏赐群臣。上行下效，从官府到民间就流行花朝节活动。在那时，正月十五的元宵节、二月十五的花朝节、八月十五的中秋节，这三个节日被视为同等重要的传统佳节。

花朝节时逢公历中的三月份，大致在节气"惊蛰"与"春分"之间。此时春回大地，万物复苏，草木萌青，百花盛开。节日期间，人们结伴到郊外游览赏花，称为"踏青"，姑娘们剪五色彩纸粘在花枝上，称为"赏红"。各地还有"装狮花"、"放花神灯"等风俗。

清人蔡云在一首《咏花朝》中形象地描写了旧时江南民间庆贺花朝节风俗的美好景象：

> 百花生日是良辰，未到花朝一半春。
> 万紫千红披锦绣，尚劳点缀贺花神。

你看，夜间在花树枝梢上张挂"花神灯"，灯火与红花绿枝相映成趣；年轻男女漫步花丛中，赏花谈情；文人墨客触景生情，吟诗作画……对于各地花匠或花卉爱好者，更是一展各自手艺的好时节。这是多么美好的画面。而吴自枚在《梦粱录·二月望》中对当时杭州一带的花朝节盛况作了更为详细的描述。在花朝节这天，人们除了要游玩赏花、扑蝶挑菜、官府出郊劝农之外，旧时一些地方在花朝节这天还有女子剪彩花插头的习俗，如明代马中锡《宣府志》载："化朝节，

城中妇女剪彩为花，插之鬓髻，以为应节。"到了清代，花朝节又有
"赏红"之俗，清代顾禄《清嘉录·二月》"百花生日"条亦言：
"（二月）十二日，为百花生日，闺中女郎剪五色彩缯粘花枝上，谓之
'赏红'。"清人张春华在其《沪城岁事衢歌》一诗中有云："春到花
朝染碧丛，枝梢剪彩袅东风。蒸霞五色飞晴坞，画阁开尊助赏红。"
此外，众多的花农、花贩及从事其他种植业的农民，于此日会集花神
庙前，杀牲供果以祝神诞，或演戏文娱神，引得成群结队的游客前来
观看，形成热闹的庙会场景。好事者或择园亭胜地举办类似今日花展
的"斗花会"、"扑蝶会"，或于夜晚聚众提灯游行，谓之"花神灯"。
青年男女在花朝节这天互抛绣球，流连忘返。

　　南海神庙昔日在波罗诞期间也举行"花朝节"活动，波罗诞正诞
之后便是"花朝节"。"花朝节"是女儿们拜花、爱花、赏春、比美的
日子，这天女士们行拜花赏花之礼。正如清嘉庆年间崔弼在《波罗外
纪》中有"至花朝节以后，男船毕退，女舸渐登，近而红粉村姑，山
花插髻"的记载。

　　明清时代波罗诞期为15天，从农历二月初一至十三为波罗诞，农
历十四至十五为"花朝节"。四乡民众白天祭神营商、诗文会友、款
待亲朋，晚上听戏娱乐，渔歌唱晚。宋代著名诗人杨万里《二月十三
日谒西庙早起》诗云："起来洗面更焚香，粥罢东窗未肯光。古语旧
传春夜短，漏声新觉五更长。近来事事都无味，老去波波有底忙？还
忆山居桃李晓，酴醾为枕睡为乡。"为我们描述了波罗诞逛庙会和花
朝节的心情。到了明清时期，花朝节的盛况不减当年。清崔弼的《波
罗外纪》写道："波罗庙每岁二月初旬，远近环集如市，楼船花艇，
小舸大艇连泊十余里，有不得就岸者，架长篙接木板做桥，越数十重
船以渡，其船尾必竖进香灯笼，入夜明烛万艘，与江波辉映，管弦呕
哑，嘈杂竟十余夕……"生动地再现了明清时代波罗诞与花朝节期间
人山人海，船艇密集的情景。

　　传统的波罗诞民间祭祀活动热闹红火了一千年之后，在20世纪
50年代，由于庙宇被占用、年久失修，出现了破败的境况，庙会亦随
之中断。民间祭祀无从谈起，南海神失去了民信的支撑，寂寞地躲在
破败的庙中，借昔日的辉煌聊以度日。到了20世纪末，在广州市文物
部门的关注下，古庙迎来了新生，再现辉煌，民间祭祀随之再度兴起。

三、石墨镌华

——南海神庙碑刻巡览

（一）"南方碑林"之誉

西安碑林，是世界闻名的中国历代名碑的荟萃之地，被誉为研究中国书法起源、发展和研究石刻艺术的文化宝库。而南海神庙也矗立有唐、宋、元、明、清历代碑刻，对岭南文物典章、风俗习惯和书法艺术研究，有极为重要的价值，因而被誉为"南方碑林"。

南海神庙建立后，封建帝王十分重视祭祀南海神，经常派遣高官重臣，不远千里前来广州致祭，不少文人墨客亦到庙中谒神游览，题诗作对，庙内因此留下不少碑刻。据《波罗外纪》记载，庙内有唐碑一、宋碑十一、元碑十、明碑二十六、清碑二十一，还有宋代苏轼、明代陈白沙、清代裘行简等历代名人的诗歌石刻十六方。"十年浩

南海神庙碑廊

劫"期间，作为宝贵历史文化遗产的南海神庙被占用，古建筑、古碑刻横遭破坏，造成了极大损失。

从 20 世纪 80 年代中期起，广州市文物部门对庙内残存的古碑刻进行了整理，而且复原、重刻了一批题咏南海神庙的碑刻。目前，南

海神庙共有碑刻四十
五块，其中唐碑一、
宋碑二、元碑一、明
碑十七、清碑四块，
另据原拓片复原重刻
宋至清古碑十块，现
代书法家书古人咏南
海神庙诗碑等十块。
有关部门还将进一步
整理复原有关南海神

南海神庙碑廊旧景

庙碑刻，使"南方碑林"名副其实。

据南海神庙现存碑文及有关文字资料记载，南海神庙中的碑文主
要可以分为八大类：

（1）历代加封南海神的文牒。

如唐韩愈《南海神广利王庙碑》，北宋裴丽泽《大宋新修南海广
利王庙之碑铭》，宋皇祐五年牒，宋《南海广利洪圣昭顺威显王记》
碑，明太祖御碑。

（2）祭告重大政治事件的碑文。

如明天顺元年明英宗祭告重新夺得皇位的碑文，明成化元年碑，正
德元年碑，弘治元年碑等为明代新皇帝登基，依例祭祀南海神之碑文。

（3）关于重修南海神庙和依例祭南海神的碑文。

如韩愈《南海神广利王庙碑》，明《成化壬辰重修南海神祠记》
等。此类碑文是研究南海神庙历代维修与扩建，以及研究历代帝王祭
祀南海神之礼仪演变的最直接的珍贵资料。

（4）封建帝王祈福酬神类碑文。

在中国几千年的封建统治中，上从帝王下至百姓无不把天灾人祸
看做神的主宰，特别是自命不凡的中国封建帝王，总认为冥冥之中有
上帝在主宰一切。因此逢旱涝灾害、战乱瘟疫或个人命运转折时，都
会向南海神祈祷。如明成化年间是我国自然灾害多发期，因此明宪宗
朱见深就热衷于祭祀南海神，他先后五次遣官到庙向南海神祈求"风
调雨顺，国泰民安"；最有趣的是明朝嘉靖皇帝由于怕无嗣继其皇位，
于嘉靖十一年（1532 年）遣官至南海神庙中向南海神祈求子嗣，嘉靖

十七年（1538年）皇帝又因喜获皇子，于是又遣官至广州，向南海神致谢降子之恩，还专门立碑以记此事。

（5）关于南海神显威事迹或传说碑文。

如绍兴《六侯之记》碑记述了南海神的六大辅神的来由及有关传说，内容生动有趣。崇祯八年《祀南海神记》记载了官军在南海神庙前的黄木湾的海战中由于得南海神之助，使逆风变顺风，最后歼敌获胜的经历。《南海广利洪圣昭顺威显王记》写的是两宋期间南海神暗助官民平定地方叛乱及保佑海上平安的显威事迹。

（6）古今诗文碑。

南海神庙和浴日亭是古今文人墨客游历广州地区的好去处，因此庙中留下了许多文人雅士登临游览时的即兴赞美和抒情的诗文佳作，如苏轼诗碑和陈献章诗碑等。1991年重修南海神庙时，文物部门约请当代岭南文化界的知名人士手书的古代文人咏南海神庙的诗作，集中树立于碑廊。

（7）皇帝的御书碑。

如康熙四十二年（1703年），适逢其五十大寿，他下诏祭祀五岳四海和长白山，对远在岭南的南海神庙尤为重视，康熙亲笔御书了"万里波澄"碑。

（8）有关南海神庙庙产、捐助人物事迹及管理事务的碑刻。

如《南海庙施田记》等所写的就是历史上有关向南海神庙献田的人和事。

由此可见，南海神庙不愧有"南方碑林"之誉。这些林林总总的碑刻，上至唐宋，下至现代，内容丰富多彩。徜徉在碑林，探寻并感受着南海神庙上千年的悠久历史，吟咏着前人留下的一篇篇诗词歌赋，欣赏着古今书法大家的一幅幅书法佳作，不失为一大幸事。

（二）唐韩愈碑

在南海神庙众多的碑刻中，最为著名的当为唐代韩愈所撰的《南海神广利王庙碑》，此碑又称"韩愈碑"。此碑立于庙内仪门的东侧，与立于仪门西侧的《大宋新修南海广利王庙碑》被人们誉为双璧。因为时间久远，碑上的文字已有漫漶不清之处，碑上方盖有一亭保护。此碑在广州，甚至在岭南现存碑刻中，亦为佼佼者。历代文人对此碑

极为推崇。大概因为南海神位次最贵，又兼水火二神于一身，而碑文又是著名的大文豪韩愈所撰的原因。宋代刘克庄任广州运判时赋诗道："一阵东风扫噎霾，天容海色豁然开。何须更网珊瑚树，只读

韩愈撰南海神广利王庙碑

韩碑也合来。"古人以珊瑚为贵，而刘克庄却认为能读到韩碑，远远比得到珊瑚树要好。那么，不妨让我们一起来读读此碑，领略一下韩愈碑的风采吧。

海于天地间为物最钜。自三代圣王莫不祀事，考于传记，而南海神次最贵，在北东西三神、河伯之上，号为"祝融"。天宝中，天子以为古爵莫贵于公侯，故海岳之祀，牺币之数，放而依之。所以致崇极于大神。今王亦爵也，而礼海岳，尚循公侯之事，虚王仪而不用，非致崇极之意也。由是册尊南海神为广利王。祝号祭式，与次俱升。因其故庙，易而新之，在今广州治之东南，海道八十里，扶胥之口，黄木之湾。

常以立夏气至，命广州刺史行事祠下，事讫驿闻。而刺史常节度五岭诸军，仍观察其郡邑，于南方事无所不统，地大以远，故常选用重人。既贵而富，且不习海事，又当祀时，海常多大风，将往皆忧戚。既进，观顾怖悸，故常以疾为解。而委事于其副，其来已久。故明宫斋庐，上雨旁风，无所盖障；牲酒瘠酸，取具临时；水陆之品，狼藉笾豆；荐裸兴俯，不中仪式；吏滋不供，神不顾享；盲风怪雨，发作无节，人蒙其害。

元和十二年，始诏用前尚书右丞、国子祭酒、鲁国孔公为广州刺史，兼御史大夫，以殿南服。公正直方严，中心乐易，祗慎所职；治人以明，事神以诚；内外殚尽，不为表襮。至州之明年，将夏，祝册自京师至，吏以时告，公乃斋被视册，誓群有司曰："册有皇帝名，乃上所自署，其文曰：'嗣天子某，谨遣官某敬祭。'其恭且严如是，

敢有不承！明日，吾将宿庙下，以供晨事。"明日，吏以风雨白，不听。于是州府文武吏士凡百数，交谒更谏，皆揖而退。公遂升舟，风雨少弛，棹夫奏功，云阳解驳，日光穿漏，波伏不兴。省牲之夕，载旸载阴；将事之夜，天地开除，月星明概。五鼓既作，牵牛正中，公乃盛服执笏，以入即事。文武宾属，俯首听位，各执其职。牲肥酒香，樽爵静洁，降登有数，神具醉饱。海之百灵祕怪，慌惚毕出，蜿蜿蚖蚖，来享饮食。阖庙旋舻，祥飙送颿，旗纛旄麾，飞扬晻蔼，铙鼓嘲轰，高管嘄噪，武夫奋棹，工师唱和，穿龟长鱼，踊跃后先，乾端坤倪，轩豁呈露。祀之之岁，风灾熄灭，人厌鱼蟹，五谷胥熟。明年祀归，又广庙宫而大之：治其庭坛，改作东西两序、斋庖之房，百用具修。明年其时，公又固往，不懈益虔，岁仍大和，耋艾歌咏。

始公之至，尽除他名之税，罢衣食于官之可去者；四方之使，不以资交；以身为帅，燕享有时，赏与以节；公藏私蓄，上下与足。於是免属州负逋之缗钱廿有四万，米三万二千斛。赋金之州，耗金一岁八百，困不能偿。皆以丐之。加西南守长之俸，诛其尤无良不听令者，由是皆自重慎法。人士之落南不能归者，与流徙之胄百廿八族，用其才良，而廪其无告者。其女子可嫁，与之钱财，令无失时。刑德并流，方地数千里不识盗贼；山行海宿，不择处所，事神治人，其可谓备至耳矣。咸愿刻庙石以著厥美，而系以诗，乃作诗曰：

南海阴墟，祝融之宅；即祀于旁，帝命南伯。吏惰不躬，正自今公；明用享锡，佑我家邦。惟明天子，惟慎厥使；我公在官，神人致喜。海岭之陬，既足既濡；胡不均宏，俾执事枢。公行勿迟，公无遽归；匪我私公，神人具依。

碑高 2.47 米、宽 1.13 米。唐元和十五年（820 年）十月一日立。使持节袁州诸军事、守袁州刺史韩愈撰；使持节循州诸军事、守循州刺史陈谏书。篆额"南海神广利王庙碑"。目前保存完整。日本学者松浦章指出，有关航海技术、航运的"海事"一词，最早见于此碑。

韩愈，字退之，于贞元八年（792 年）擢进士第。曾任观察推官、四门博士、监察御史，后升刑部郎中。韩愈与岭南颇有渊源，曾两次因贬而至岭南。第一次是在唐贞元十九年（803 年），由于天旱，民不聊生，担任监察御史的韩愈上疏劝谏唐德宗减免关中徭役赋税，触怒唐德宗，被贬为阳山令。据其《送区册序》中云："县郭无居民，官

无丞尉，夹江荒茅篁竹之间，小吏十余家……"可见他初次居粤时心情比较抑郁。第二次被贬是在元和十四年（819年）。唐宪宗派遣使者前往凤翔迎佛骨入宫供养，针对当时佞佛的怪现象，韩愈写了著名的《谏迎佛骨表》，因而得罪了唐宪宗，被定为死罪，幸亏裴度、崔群等人营救，方被贬为潮州刺史，在潮阳，曾上表言其状，乃改为袁州刺史。此碑就是他刚任袁州刺史时撰写的。

韩愈撰南海神广利王庙碑拓片

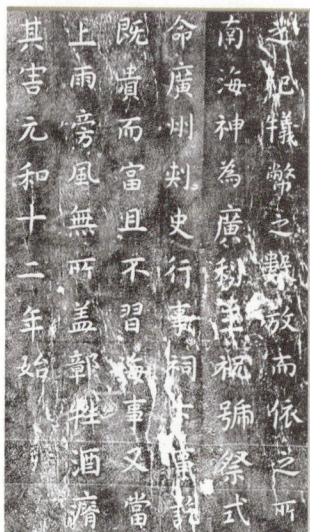

韩愈撰南海神广利王庙碑拓片局部

陈谏是此碑的书者。此碑除了题额为篆书外，全为纯熟的楷书体。元代以前，碑文是直接写于碑石之上的，其做法是于磨制好的碑石上涂黑，再按字打格，由书写者以朱笔直接写在碑上，然后由刻工雕刻。因之，碑文字体的好坏，与刻工有很大关系。此碑由李叔齐雕刻，确为一书法上品。因之此碑一出现，拓本即流传天下，成为历代研究、珍藏的对象，为历代所传颂。

韩愈碑首先叙述了南海神地位最为尊贵，以及到唐代南海神的封爵由公侯而至王，往日历代广州刺史祭祀南海神的情况，其中的祭海仪式尤为难得，可补史料之不足。史书记载，唐玄宗李隆基在开元年间，以皇帝亲自署名的祝版分发至各地祭祀五岳四渎。到了唐肃宗李亨上元元年（760年），此制暂停，此后便不再请皇帝手书。唐德宗贞元二年（786年），董晋奏请再行此制，德宗恩准此后即按此而行。这里所说的是祭祀五岳四渎的情况，却没有涉及祭海的仪式。而在韩愈

所撰碑文中有"祝册自京师至……册有皇帝名,乃上所自署,其文曰:嗣天子某,谨遣官某敬祭"。祭海册式一清二楚。正好补充文献的不足。碑文首段还明确指出了南海神庙的位置,即"扶胥之口,黄木之湾"。

碑文第二段叙述了鲁国孔戣被任命为广州刺史而来到广州,以祭祀南海神为己任,不委事他人,详细叙述了孔戣祭祀的始末。这部分充分体现了韩愈文章的雄奇特点,一洗六朝以来的浮靡之风。

韩愈撰写此碑,其实焦点在身为广州刺史的孔戣身上。写其方正,表其惠政,甚至说"神人具依"。可以说此碑确实要达到歌颂孔戣的目的,是孔戣的歌颂碑。孔戣,孔子的第三十八代孙。元和十二年(817年)孔戣任广州刺史兼御史大夫、岭南节度使。史书记载他在岭南做官,除俸禄外,不多索取一分一毫。因为南海神庙位于狮子洋处,江宽浪险,之前各任广州刺史多畏于风浪,都不亲自祭祀,"多令从事代祀",而孔戣亲自前往祭祀,以改过去旧习,即使风雨交加,仍然坚持亲祭。他在任期内,治粤有方,政绩斐然,惠及民神,是一位难得的好官。所以碑文第三段是重点,详细记述了孔戣在广州任职时的德政。总之,孔戣任期内,"交、广晏然大治",出现了"方地数千里,不识盗贼;山行海宿,不择处所"的美好社会局面。一个中原人远离钟鸣鼎食的簪缨家族而来岭南为官,而能躬身至此,实在可敬可佩。

孔戣与韩愈是至交好友,曾经同在京师为官,后又曾一同在岭南做官。所以在孔戣第三次于元和十五年(820年)修葺并祭祀南海神庙之后,需要树碑纪事之时,首先想到了韩愈,而韩愈此时已调任袁州刺史,但他敬重孔戣的为人,曾作诗赞美孔戣"我公在宫,神人致喜。海岭之陬,既足既濡。胡不均弘,俾执事枢。公行勿迟,公无遽归。匪我私公,神人具依"。所以韩愈接到撰碑请求之后,洋洋洒洒,一气呵成,留下了这一闻名中外的《南海神广利王庙碑》,成为南海神庙的镇庙之宝,南海神庙亦因此碑而声誉日隆。

(三)宋开宝六年碑

现立于南海神庙头门西侧的《大宋新修南海广利王庙碑》,高3.72米、宽1.59米。立于北宋开宝六年(973年),因而俗称为"开

宝六年碑"。碑额盘龙，雕刻精细。由裴丽泽"奉敕"撰文，韩溥书。

碑文既记载了971年北宋大军围攻广州，刘鋹投降，统一岭南后，随即在广州首设市舶司，由潘美兼市舶使等事。又记载了自古交趾七郡货物由南海海道沿江达淮，逾洛水到达南河（关中）的路线。此外碑

大宋新修南海广利王庙碑亭

文还记载了开宝六年（973年）宋太祖遣使修葺庙宇及致祭以祈求"限六蛮于外服，通七郡以来王"。实为研究广州对外贸易史的珍贵史料。历来与"韩愈碑"一起被人们称为南海神庙的两大丰碑。

"开宝六年碑"之所以称誉古今，与其内容大有关系。碑文首先述说了海之广大以及岭南物产丰饶："珊瑚生于波底，兰桂蕖乎洲上。其或天吴息浪，灵胥退涛，彼俗乃驾象牵犀，拣金拾翠。入千里之水，累累贯珠；披万顷之沙，往往见宝。"

大宋新修南海广利王庙碑拓片

大宋新修南海广利王庙碑拓片局部

接着记述了唐代和南汉对南海神的封号、祭祀情况："唐天宝十载，封为'广利王'，被之冕服，享以牢醴，每岁春秋致奠，略无阙焉。自有唐将季也，中朝多故，戎马生郊。窃号假名，凭深恃险，五

南海神庙与波罗诞

岭外郡，遂为刘氏所据，殆七十年。故元獯玑组，包瓯茅菁，阙供于王祭矣，何暇祷祀岳渎耶！"这里说五代十国时期岭南为刘氏政权占据近七十年，广利王没有得到中央王朝的祭祀。其实南汉政权也很重视对南海神的祭祀，从对南海神的封号以及南汉时海上贸易的繁荣足可以看出南汉对保佑海上平安的南海神的重视。

又讲了岭南生灵涂炭，宋兵南下收复南汉："广南道行营招讨都部署潘美陈露布，俘伪广主与官属献于阙下。夫高屋建瓴，下坂走丸，飞鸿之纵顺风，商飙之殒桥弃。奚如是之易也？若非我应天广运圣神文武明道至德仁孝皇帝圣谟睿略之感应，曷能平荡矣？"

第四部分叙说现在国泰民安以及皇帝下诏新修南海神庙，祭祀南海神："既而海内有截，天下为公。由是降德音，覃霈泽，系囚未释者俾其释矣；流人不归者咸使归之，污俗浊而自清，乱法邪而复正，化犷土为王土，变桀民作尧民，众人熙熙，沐皇风如饮醇醴，睹圣政若享太牢。上曰：'彼民既苏，彼俗既化，广利王之庙，自阻隔已来，寂寥莫睹，今既复其土地，可使视其庙貌，俾重崇葺焉。'乃命中使往葳其事，告帝王之旨，叙克复之意。苹藻在荐，盘罃具陈。"

最后是颂扬南海神的铭文；其目的是对"浚哲之君""式扬巨德，宜树丰碑"。

碑文的撰写者裴丽泽，山西永济人，唐代宰相裴世卿的八世孙，当时担任"山南西道节度掌书记、将仕郎、守右补阙、柱国、赐绯鱼袋"。碑文书者韩溥，京兆长安人，"博学善书札"，因而他的书法深受藏家的欢迎，时任朝议郎、行监察御史、权知端州军州事，南下广州行使监察之职，正好发挥了他"善笔札"的特长。清人阮元看过此碑后，说史书记载韩溥善书札，现在更加相信了，对韩溥予以高度评价。当你观赏了南海神庙的古老建筑，登上了浴日亭感叹一番沧海桑田的变化之后，不妨来到此碑前细细研读一番，也许会有意想不到的收获。

（四）六侯之记碑

在四海神中，南海神的地位最为尊贵，因而被人格化，像寻常百姓一样有名有姓，有生日（即南海神诞），而且有妻有子。随着历代皇帝的加封，南海神一直享受着帝王的祭拜和民间信众的香火。在这

样的背景下，南海神的得力助手粉墨登场也成了顺理成章的事。

南海神的左辅右弼有六员，由于他们在海上灵验异常，卓有功效，因而在南宋绍兴年间分别被封侯，这就是流传甚广的"六侯"，他们分别为"助利侯"达奚司空，"助威侯"杜公司空，"济应侯"巡海曹将军，"顺应侯"巡海蒲提点使，"辅灵侯"王子一郎，"赞宁侯"王子二郎。

南海神庙现在保存有《六侯之记》碑。此碑上有宋代福建莆田人方渐所题写的跋。方渐，以进士知梅州，喜好藏书，多达数千卷，建富文阁以藏之。在绍兴十一年（1141年），方渐前往曲江，途径扶胥镇，免不了也到南海神庙游玩拜祭。他早就听说六侯的传奇故事，来到此地就四处打听，可惜无人知晓。在南海神庙四处游玩时碰巧发现了六块木板，木板布满灰尘，擦拭一番之后发现上面的文字大致还可以读出。原来上面记的是六侯的丰功伟绩，煊赫照人，使人为之一喜一忧。喜的是世间尚有六侯的故事记载，忧的是文字存于角落木板上，如果将来木板遗失，六侯事迹将消失于人间。所以他由衷发出了"惜哉"的感叹。事隔几年之后，绍兴十五年（1145年），方渐任梅州知州，再次经过南海神庙时将木板上所记的六侯事迹刻在石碑上，由此

六侯塑像

而诞生了《六侯之记》碑。这块碑的诞生是南宋时南海神信仰扩大影响的表现，也是当时广州外港在海外交通贸易史上占有重要地位的历史见证。碑文还记载了南朝梁普通七年（526年），印度名僧达摩从海路来广州的史实。

如同许多神灵的传说一样，南海神之辅神"六侯"的传说也是真假参半。暂且不论所称的诸多显灵故事有悖常理，仅就其身份的认定来说，也似乎有着明显的杜撰痕迹。"曹将军"，"不知何时人"；"杜司空"、"蒲巡使"，皆"不知其名"。至于"达奚司空"为"普通菩

提达摩"之"季弟"，也确实可笑。"达摩"为法号之简，不姓"达"，而其法号，系由其师般若多罗后改。所涉事件中，大都任人随说，无从考究。

除此之外，清人崔弼写就《六侯赞》，以六首诗分别颂扬了六侯的丰功伟绩，字韵优美，耐人寻味。看来历史上不乏赞颂六侯功绩的名篇佳作。

在六侯之中，达奚司空最具影响力。传说达奚司空来自波罗国，为南海神庙种植了两颗波罗树。从此神庙与"波罗"结下了不解之缘。南海神庙俗称为"波罗庙"，庙里所藏的玉印被称为"波罗印"，庙前一带的江面被称为"波罗江"，悠久的南海神诞被称为"波罗诞"，庙会上热卖的符录和工艺品鸡被称为"波罗符"和"波罗鸡"。难怪清代檀萃在《楚庭稗珠录》中说：由于来自波罗国的达奚，"故庙与江，且因以易名"。可见达奚司空在民间影响范围之广、程度之深。

达奚是古代广州作为中外联系的交通要道及中印源远流长的友好关系的象征。因此，历代文人墨客不惜笔墨，挥赋有大量诗作以颂咏达奚。明人苏应机、今沼就留下了歌颂达奚司空的精彩诗篇。

题波罗庙显相达奚司空

风萍浪梗总天涯，莫认归帆望眼赊。
万国分封虽异域，一天同戴即为家。
烟消黄木朝朝日，春好罗浮树树花。
况荷衣冠更左衽，旅魂何必重咨嗟。

苏应机此诗温情脉脉，真诚劝慰，情真意切，几百年来脍炙人口。

达奚司空像

树老庭荒不记春，天朝裳服俨遗身。
空悲乡国生翰鸟，似立朝门待舌人。
灯火青荧通晦夜，廊龛寂历网丝尘。
从今断却当年恨，海舶无因过此津。

今沼法师以佛法劝慰，令人耳目一新。此外，明人韩雍、陈仕俊、憨山禅师、汤显祖、清人王士禛等均有诗赞颂达奚司空。

（五）尚书省牒碑

南海神庙仪门两廊竖立的一排排碑刻中，有一块碑刻算不上出名，它不像"韩愈碑"因名人而享誉古今，也不像皇帝御碑那样备受推崇。它仅仅是以牒的形式，即公文的规格出现，但是，碑文所讲的一段有关广东的史实，内容可谓丰富，是极为珍贵的广东地方史料，值得大家关注。它就是位于南海神庙仪门东侧的第一块碑——尚书省牒碑。

此碑到底所讲何事，因何而立碑？不妨看看碑文是如何描述的。

尚书省牒碑拓片

礼部状。准都省批送下中奉大夫充秘阁修撰知广州主管广南东路经略安抚司公事钱之望状奏：窃见南海洪圣广利洪圣昭顺威显王，庙食广州，大芘兹土，有祷必应，如响斯答。臣领事之始，大奚小丑，阻兵陆梁，既迫逐延祥官兵，怙众索战，复焚荡本山室庐，出海行劫。臣即为文以告于神：愿借樯风，助顺讨逆，俾献俘祠下，明正典刑，毋使窜逸，以稽天诛。然后分遣摧锋水军前去会合。神诱其衷，既出佛堂门外洋，复回舟送死，直欲趋州城。十月二十三日，至东南道扶胥口东庙前海中，四十余艘衔尾而进，与官兵遇。军士争先奋击，呼王之号以乞灵。战斗数合，因风纵火，遂焚其舟。潮汛陡落，徐绍夔所乘大舶，胶于沙碛之上，首被擒获，余悉奔溃。暨诸军深入大洋，招捕余党。如东姜段门诸山，素号险恶，或遇飓风霪发，不容舣舟，人皆危之。既至其处。波伏不兴。及已罗致首恶，则长风送帆，巨浪围至，武夫奋棹，且喜且愕，益仰王之威灵。凡臣所祷，无一不酬。将士间为臣言：此非人之力也。凯旋之日，阖境士民，以手加额，归功于王，乞申加庙号，合辞以请。臣参订舆言，具有其实，除已先出帑钱千缗，崇饰庙貌外，用敢冒昧上闻。臣考之图经，惟王有功于民，著自古昔，载在祀典，神次最贵。唐天宝十载，始封为广利王。国朝康定二年，增号洪圣。皇祐五年，以阴击侬贼，诏锡昭顺。绍兴七年，

o68

复加威显。所以致崇极于神者，其来尚矣。旌应表异，正在今日。欲望睿慈，特降指挥，申命攸司，讨论典礼，优加命数，昭示褒宠，以答神庥，以从民欲。伏候敕旨。后批送部勘当，申尚书省，寻行下太常寺勘当。去后据申，照得上件神祠系是五岳四海四渎之神，兼上件灵应，并是助国护民，荡除凶寇，比寻常神祠灵应不同，所有陈乞庙额。本部寻再行下太常寺拟封。去后据申，今将南海洪圣广利昭顺威显王庙合拟赐庙额降敕，伏乞省部备申朝廷，取旨施行，伏候指挥。牒奉敕：宜赐"英护庙"为额，牒至准敕。故牒。庆元四年五月（尚书省印）日牒。

依碑文得知，宋庆元年间，位于东莞县的大奚岛盛产盐，有不少盐场。岛民不事农桑，不隶征徭，以鱼盐为生。庆元三年（1197 年），广东提举茶盐使徐安国派人入岛严禁私盐，岛民无以为生，引起岛民不安，激成民变。千余人入海聚众起义。时任广东经略使的雷溁因为与徐安国一直有矛盾，借机参奏，欲加罪于徐安国。朝廷分别将二人调离，钱之望走马上任，担任广州知州、广东经略使。同年八月，钱之望派兵镇压，与此同时，"即为文以告于（南海）神"，祈求南海神保佑以平定岛民叛乱。大奚岛岛民的船队先到佛堂门外洋，然后挥师北上，意图劫掠广州。当岛民四十余艘船行之南海神庙前的扶胥江时，与官兵相遇，官兵利用风力，纵火焚船，因潮落首领所乘船只搁置沙滩上，遂擒拿首领徐绍夔，岛民不支而败，官兵乘胜而进追捕余党。得胜之时，官兵皆以为南海神保佑，才顺利平定叛乱。因而钱之望奏请朝廷，旌表南海神的荫佑之功，请求赐予"英护庙"号。庆元四年（1198 年）五月，当时的尚书省承旨而发此牒。

这段史实在《宋史》、《方舆胜览》、《舆地纪胜》、《广东通志》等书均有记载，其重要性可见一斑。

有趣的是，读了此碑方知南海神庙与香港大屿山原来还有这么一段渊源。原来碑中所说的大奚岛，就是今天香港的大屿山岛。香港著名学者饶宗颐对大屿山的名称沿袭有过一番考证。他认为大屿山有四个名，一为大屿山，二为大渔山，三为大奚山，四为大移山。大奚山，在宋代即为广州府所辖，宋人庞元英在《谈薮》中说："大溪山在广州境，旧山有一洞，其处所人不常识。"大奚岛民起事后，没有固守大奚岛，出了佛堂门外洋，直指广州而来。珠江口附近水域，两山或

两岛夹峙，海水出入经过的地方，很多称为门，如小三门、屯门、中门、佛堂门等。清代杜臻在《粤闽巡视记》中讲了佛堂门的由来："佛堂门，海中孤屿也，周围百余里。溯自东洋大海，溢而西行，至独鳌洋，左入佛堂门，右入急水门……蕃舶得入左门者为已去危而即安，故有佛堂之名。"原来佛堂门意思就是说经过此门后就安全了，如同进入佛堂得到神的保佑，所以名为佛堂门。佛堂门现在位于九龙半岛东南端，从佛堂门往西北，经过鲤鱼门，就是香港著名的维多利亚港了。

（六）明洪武御碑

在遐迩闻名的南海神庙仪门内大院东边有一方重要的碑刻——明太祖御碑，立于洪武三年（1370年），据黄宗羲《明文海》所载，碑文为礼部侍郎王祎撰，以明太祖的授意口气写成，碑文如下：

明太祖御碑拓片

奉天承运，皇帝诏曰：自有元失驭，群雄鼎沸，土宇分裂，声教不同。朕奋起布衣，以安民为念，训将练兵，平定华夷，大统以正。永惟为治之道，必本于礼，考诸祀典，知五岳五镇四海四渎之封，起自唐世，崇名美号，历代有加，在朕思之，则有不然。夫岳镇海渎，皆高山广水，自天地开辟，以至于今，英灵之气，萃而为神，必皆授命于上帝，幽微莫测，岂国家封号之可加？渎礼不经，莫此为甚。至如忠臣烈士，虽可加以封号，亦惟当时为宜。夫礼所以明神人、正名分，不可以僭美。今命依古定制：凡岳镇海渎，并去其前代所封名号，止以山水本名称其神。郡县城隍神号，一体改正。历代忠臣烈士，亦依当时初封以为实号，后世溢美之称，皆与革去。其孔子善明先王之要道，为天下师，以济后世，非有功于一方一时者可比，所有封爵，宜仍其旧，庶几神人之际，名正言顺，于理为当，用称朕以礼事神之

意。所有定制各神号，开列于后：

五岳称：东岳泰山之神，南岳衡山之神，中岳嵩山之神，西岳华山之神，北岳恒山之神。

五镇称：东镇沂山之神，南镇会稽山之神，中镇霍山之神，西镇吴山之神，北镇医无闾山之神。

四海称：东海之神，南海之神，西海之神，北海之神。

四渎称：东渎大淮之神，南渎大江之神，西渎大河之神，北渎大济之神。

各处府州县城隍称：某府城隍之神，某州城隍之神，某县城隍之神。

历代忠臣烈士，并依当时初封名爵称之。

天下神祠无功于民不应祀典者，即系淫祠，有司毋得致祭。

于戏！明则有礼乐，幽则有鬼神，其理既同，其分当正。故兹诏示，咸使闻知。

洪武三年六月初三日。

碑文非常有趣，记载了朱元璋以退为进，假借上天之手，摘下南海神祝融头上的顶顶桂冠的一段史实。

南海神庙始建于隋开皇十四年（594年）。隋唐之初，南海神祝融只享受侯一级礼遇。唐天宝十年（751年），唐玄宗封四海为王，南海为广利王，这是南海神封王之始。以后历代多有加封，宋康定二年（1041年），加封南海神为洪圣王，皇祐五年（1053年）加封昭顺，绍兴七年（1137年）加封威显，元至正二十八年（1291年），又加封灵孚，这样，祝融头上的桂冠就变成了"南海广利洪圣昭顺威显灵孚王"。不过，民间老百姓却记不了这么冗

明洪武御碑

071

长的名字，大都尊称南海神为"洪圣大王"。广东乃至香港地区不少地方都有洪圣王庙，其实就是南海神的分庙。

朱元璋得了天下后，明大军是从水路收复广东的，因此，朱元璋对南海神甚有好感。经过元末明初战火侵袭，南海神庙已经千疮百孔、断垣残瓦遍地了。洪武二年（1369年），朱元璋派要员到南海神庙，重修了大殿、廊庑、斋堂等。洪武三年（1370年）又下诏派礼部侍郎王祎代表皇帝到岭南祭南海神，朱元璋十分重视这次御祭。因为祭海既可以祷告上天和海神，人间已经改朝换代，新的帝王正是奉天命而立，代天统治群民。同时，祭海又可祷求海神保佑风调雨顺，灾疠以消，五谷丰登以粉饰太平。

明太祖朱元璋虽然出身贫寒，却喜欢舞文弄墨，好大喜功。这次给南海神加封，自然是颂扬其功德，显露其威严的极好机会。可叹的是朱元璋出生太晚，历代已给南海神的封号确实太多了，已使礼官很为难，实在不容易再加封了。而且，就是硬给一个封号，南海神先前已有顶顶桂冠在上，也不能更加显赫。于是，工于心计的明太祖朱元璋以退为进，于洪武三年（1370年）下诏，废除历代给南海神所封之号，南海神头上的顶顶桂冠，就被朱元璋一下子摘了下来。朱元璋此举，可谓别出心裁，意味深长。他声称不敢超越上天来封南海神，实际上是假借上天之手取消了历代帝王给南海神的封号，更显出其真命天子的显赫权势。不过，这也是一件好事，不然的话，代代加封何时了，南海神的封号，将会无限的加长。

朱元璋此举，亦为南海神庙增添了一件有趣的逸闻。有明一代，朱元璋以后历代皇帝基本遵循祖制，再没有给南海神封号。唯明熹宗例外，他于天启元年（1621年），敕封祝融为"南海广利洪圣大王"，这也不过是恢复了唐宋时期的一些封号罢了。

（七）英宗祭南海神文碑

竖立在南海神庙东廊第五位置上的是明英宗《御祭南海神文》碑，碑高159厘米、宽83厘米，基本保存完好，是一块文字不多，但却是非常有趣的碑刻。其文曰："维天顺元年岁次丁丑五月……皇帝遣翰林院编修尹直致祭于南海之神，曰'百川之水，惟海是宗，利济民物，厥功茂焉。兹予复正大统，祇严祀礼，神其歆格，永佑家邦！尚飨。"

这块碑立于天顺元年（1457年）五月，碑文最主要的内容是明英宗"复正大统"，即从太上皇位置上复辟，重新当上皇帝，派大臣尹直千里迢迢来到广州祭祀南海神，要请南海神保佑其家邦太平。明英宗复辟后，为什么要匆匆忙忙派大臣不远万里来广州祭祀南海神呢？这里面还有一段有趣的历史。

明英宗朱祁镇是中国历史上唯一当过两次皇帝和当过太上皇的人。其第一次登基，年号为正统，第二次复位，年号为天顺。

早在正统十四年（1449年），明英宗偏听了宦官王振的话，率50万大军亲征我国西部的瓦剌。由于备战不

明天顺元年御祭南海神文碑拓片

足，再加上王振根本无指挥作战的能力，明军大败，明英宗亦在"土木堡之役"中被瓦剌也先俘虏。当时瓦剌乘胜追击，大兵进逼北京，北京城内人心惶惶，不少人主张将都城南迁。在千钧一发之际，兵部尚书于谦等拥立英宗二弟郕王朱祁钰为景帝，遥尊英宗为太上皇。于谦坚决反对南迁，调集重兵在北京城外抗击，捍卫了北京城。次年八月，明军在于谦的指挥下斗志昂扬，越战越勇，瓦剌见京城久攻不下，被迫将英宗朱祁镇放出。景帝仍奉英宗为太上皇，入居南宫，实际上将英宗软禁起来了。

明景泰八年（1457年）正月，景帝病重，出宿南斋宫。太上皇在宦官曹吉祥、太子太师团营提督石亨和右副都御史徐有贞等人支持下，发动了一场政变，史称"夺门之变"。

蔡东藩《明史通俗演义》中有一段精彩的描写：

（石亨）等率众薄南宫，门扃甚固，连叩不应，有贞命众取巨木至，悬绳其上，用数十人举木撞门。门右墙垣，陡被震坍，大众乘隙进去，入谒上皇。上皇时尚未寝，秉烛观书，见他排闼而入，不觉惊问道："你等何为？"众俯伏称万岁，上皇道："莫非请我复位么？这

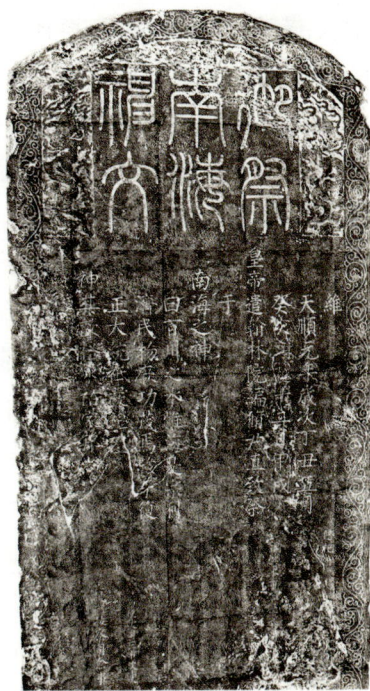

事须要谨慎。"有贞等齐声道:"人心一致,请陛下速即登舆。"……由众推至正中,请上皇下舆登座,一面鸣钟擂鼓,大启诸门……百官方至朝房……蓦见有贞出殿,大呼道:"太上皇复位了,众官何不进谒?"百官闻言益惊,但变出非常,事已至此,何人敢抗拒?不得已齐整衣冠,登殿排班,依次跪伏,三呼万岁。

此段描写甚为生动传神。在石亨等人率众撞南宫之前,早已通过内侍密达太上皇了。那个被软禁多时的太上皇得此良机,惊喜交加,喜的是经过七年的软禁,又可能重登金銮宝座;惊的是万一大事不成,必将大祸临头。当晚,他秉烛观书,实际上是在焦虑地等待复出。见政变之人蜂拥而入,还假惺惺地问:"你等何为?""莫非请我复位么?这事须要谨慎",真是一个地地道道的伪君子。那个可怜的景帝,在斋宫病榻上闻见钟鼓声喧自宫殿之上,不禁惊异万分,等内监报告,太上皇从南宫复辟,景帝只连声说道:"好!好!好!"

"夺门之变"英宗复辟后,降原来的皇帝朱祁钰为郕王,将其囚于西宫,19天后朱祁钰在悲愤交加中死去。英宗好了伤疤忘了痛,竟将当年保卫北京的功臣于谦等人以"谋逆罪"诛杀,并将景泰八年改为天顺元年。朱祁镇复位后,从被软禁的太上皇一下子又变为操国家生死大权的皇帝,重登金銮殿后自然可以为所欲为,大肆捕杀前朝功臣和重赏复辟的有功之士。但是,明英宗毕竟是用不光彩的手段夺取帝位的。为了证明他的复位是"受命于天",所以朱祁镇的第二个年号改为"天顺",里面也许是包含了其复位是顺了天命之意。民心易欺,神明难骗,为了求得神灵的保佑,朱祁镇不惜牺牲玉帛,祭祀天地,同时,还不远万里派人来广州祭祀南海神,专告"复正大统"。这也反映出心怀鬼胎的朱祁镇坐在金銮殿上也还不放心,连南海神亦拉来壮胆,以求得到海神的庇护,使他的家天下得以安定。

（八）嘉靖求子酬神碑

南海神庙第二进建筑仪门后的复廊,还保留有两块嘉靖年间皇帝求子碑和酬神碑,引人注目。谈起这两块碑刻,还有一段有趣的历史。

嘉靖皇帝朱厚熜（1506—1566年）是一个颇具争议的皇帝,刚登皇位时,曾有过一段改革,励精图治,裁减特务机关,推行宽恤之政,似有明君气象。可惜好景不长,后日渐腐朽,刚愎自用、专横暴虐。

嘉靖皇帝喜欢炼丹修仙，将大半心思都花在了钻研如何成仙上。他迷信方士，尊尚道教，后来更移居西苑（今北京北海、中南海），一心修炼，求长生不老，不问朝政。在用人上，嘉靖皇帝放纵奸臣严嵩等残害忠良，让严嵩横行乱政20年，使吏治败坏，边事废弛。大明王朝由盛到衰，嘉靖时期是一个重要的转折点。

本来，朱厚熜只是藩王的儿子，并非先皇的嫡子，原来是没有资格获得皇位的，因为他的堂兄明武宗朱厚照无子，他才以偶然的机会当上皇帝。但是，他称帝之后享受的富贵达到了极点，又一心追求长生不死。朱厚熜自幼生长在道教盛行的湖北，从小就受到道教的影响。做了皇帝以后，将道教带入了皇宫，并在京师陆续兴建道观。

嘉靖帝又是好色之徒，令礼部派员在京城、南京、山东、河南等地挑选了民间女子千余人进宫。以后又多次采选宫女，多达数千人。然而不无讽刺的是，这位好色之徒却久而无嗣。封建帝王没有儿子，关系到皇位继承的大事，为此，嘉靖帝非常焦急。为了求子，他于嘉靖十年（1531年）在京师御花园的钦安殿搞了"祈嗣醮"，以礼部尚书夏言为醮坛监礼使，侍郎顾鼎臣等充当迎嗣导引官，在京师为嘉靖皇帝求子。

后来，有大臣建议，广州的南海神法力无边，不但主管海上风云，还兼司"送子"之职。于是，求子心切的嘉靖帝下了一道圣旨，特派钦差道士周大同、广州同知沈尚经到南海神庙祭祀，向南海神求子。朝廷命官奉旨到南海神庙后，举行了极为隆重的祭祀仪式。有关大臣，恭恭敬敬地对着南海神行三跪九叩之大礼，并献上了三牲等祭品。南海神庙，香烟缭绕，祝融大殿，道士诵经祈祷之音绕梁不绝。祭祀大臣轮流值班进香，虔诚祈祷南海神，希冀南海神保佑嘉靖皇帝早得贵子。

今南海神庙西复廊有两块碑刻，其中之一就是嘉靖十一年（1532年）留下

明嘉靖十一年御祭
南海神文碑拓片

的。此碑刻保存基本完整，高 162 厘米、宽 80 厘米，碑额刻有双龙戏火球纹，碑首有篆额"御祭南海神文"。其碑文云：

> 维嘉靖十一年岁次壬辰九月……皇帝遣广东广州府同知沈尚经等，致祭于南海之神曰：惟神钟灵秀，利泽一方，阴翊国家，其来尚矣！朕以寡昧，恭承天命，十有一年，于兹敬事神祇，罔敢少懈。顾储官未立，恒切于怀。兹者，特具牲帛醴斋，遣官虔祷，伏望茂著神功，锡予元嗣，则我国家绵庆骏于无穷，而神亦享福于有永矣。伏惟尚飨。

在派有关官员到广州祭南海神的同时，嘉靖又继续在京师大内建醮祈嗣，还广选淑女。也许是嘉靖皇帝诸多虔诚祈祷，终于感动了上天，嘉靖十五年（1536 年）冬，喜从天降，皇子降生，此后皇子频繁降生，嘉靖帝龙颜大悦。除了厚赐在北京主持醮坛祈嗣的张天师弟子邵元节之外，又于嘉靖十七年（1538 年）专门特遣钦差道士周大同、主祭官广东左布政使陆杰带上香帛祭品等赴南海神庙，祭祀南海神，还专门建立酬谢碑刻。该碑至今保存完好，仍立于嘉靖求子碑西侧。碑文曰：

> 惟嘉靖十七年岁次戊戌八月……皇帝遣以香帛之仪，祭谢于南海之神曰：比岁尝命官祷祀于神，昨丙申孟冬之吉，仰惟天赐元储，亦神所赞祐者，兹用致谢，神其鉴歆，而永惟默祐焉。尚飨。

就这样，嘉靖皇帝的所作所为成就了南海神具有保佑子嗣降临的神奇功能，本是主管海上风云和雷电雾雨的南海神，竟法力无边，兼司送子之职了。真是令大慈大悲的南海观音菩萨也自叹弗如。从此，岭南百姓也前往南海神庙祈求子嗣降临，延续血脉。另据广州的民间传说，南海神大殿前的三块拜石，有无限的法力，在此睡一夜，便可得子。而大殿的神龛后面有一个小龛，据说，如得小龛中的一把土回去喂家畜，便可使六畜兴旺。这些民间传说，带有较强的迷信色彩，但亦反映出，南海神在古代也被人们当作生殖之神来崇拜。

（九）康熙"万里波澄"碑

前几年，中央电视台播放了著名作家二月河撰写的《康熙王朝》

电视剧，引起了国内外许多人的关注，康熙帝统一台湾的斗争，成了电视剧中极为重要的内容。在南海神庙中，有一块康熙皇帝亲笔题写的"万里波澄"碑刻，对我们了解康熙帝与当年的"开海"政策，有一定的帮助。

"万里波澄"碑亭

清朝入关后第二个皇帝圣祖康熙是中国历史上出类拔萃的帝王，他8岁登基，文武兼备，励精图治，为清代的大一统和康乾盛世奠定了基础。他还下令开海禁，打开了清初闭关锁国的大门。

清初，郑成功在台湾抗清，清政府因此颁布"禁海令"，严禁从天津到广东一带的商民船只出海，还加上一条"不许片帆入口"，严禁外国商船来华贸易。后又颁发了一道"迁界令"，强迫由山东到广东的沿海居民内迁，使许多人流离失所，海禁给沿海人民带来巨大灾难。广东是我国海岸线最长的省份，迁界令也在一定程度上影响了广东的经济发展。康熙二十二年（1683年），康熙帝收复台湾。两年后，康熙帝宣布"开海贸易"，并派官员来广东、福建开海界，接着取消禁海，沿海居民得以返回故土，"各安耕获，乐其生业"。

开海禁后，康熙帝十分重视海上贸易，于康熙二十四年（1685年）在广州设立了粤海关，同时，至少十四次派大臣来广州南海神庙祭祀，是历代帝王中最热衷于祭海的皇帝。当然，康熙帝祭海的目的一方面是为了表示其受命于天，希望得到海神庇护，风调雨顺，国泰民安；另一方面也借此表示尊重汉族文化风俗，以冲淡清初满汉民族差异造成的隔阂，同时，在一定程度上也促进了海上贸易的发展。

早在康熙四年（1665年），康熙帝就遣太常寺到广州祭祀南海神，并题诗云"四海不扬波"，希望海神保佑大清江山。以后历年都有祭祀。今南海神庙仍存留有碑文，叙述了康熙帝三次御驾亲征噶尔丹，平定叛乱，天下太平，百姓安居乐业，其乐融融的社会局面。因此，将此功绩刻于"扶胥之口、黄木之湾"的广州南海神庙，以扩大"天

之骄子"的恩德和大清王朝的威仪。

康熙四十二年（1703年）三月，康熙帝南巡回到北京，适逢其五十大寿，京师张灯结彩为其祝寿。喜庆之余，他下诏祭祀五岳四海，对远在岭南的南海神庙尤为重视，亲笔御书了"万里波澄"四个大字，每字长45～55厘米，笔画工整、刚健有力。康熙命令将其制成御匾，赐给南海神庙，并御赐庙号为"波罗庙"。特遣户部右侍郎范承烈负责将"万里波澄"御匾护送到广州，并代祀南海神。

范承烈得到康熙皇帝的重任后，诚惶诚恐，一路精心保护御匾，历尽千山万水来到广州。范承烈和地方官员又选择了良辰吉日，将"万里波澄"御匾送到了南海神庙，并举行了极为隆重的安放仪式。悬挂御匾之日，广州城甚为轰动，人人都争着前往南海神庙，一睹康熙皇帝御笔风采，古庙装饰一新，大红灯笼高高悬挂，庙外车水马龙，庙内人如潮涌，范承烈等将康熙御笔"万里波澄"牌匾供于大殿神台，给当地父老瞻仰拜谒。文武大臣，穿着装束一新的官服，恭恭敬敬地对着御匾行三跪九叩之大礼，在一片欢呼声和锣鼓齐鸣声中，万里波澄御匾被隆重安放在南海神庙大殿上。

为了将康熙皇帝的恩典昭示于海内外，范承烈和陪祭官布政使佟毓秀又将"万里波澄"四字精心临摹下来，还特选了一方巨大的优质黑碑石，将康熙御书摹刻于碑上，并在南海神庙前建一亭放置"万里波澄"碑。碑亭屹立于黄木湾畔的珠江边。这样，往来广州的海南诸番，万国商船，都可以从珠江上看见"万里波澄"御碑，并祈望中外贸易商船，能得到南海神和康熙皇帝的庇护，一帆风顺，波澄万里。

令人遗憾的是，这方珍贵的"万里波澄"碑和碑亭都毁于"十年浩劫"，御制金匾也随着南海神庙大殿的倒塌而散失了。1990年，广州市文物部门按旧藏拓本，精心翻刻了"万里波澄"牌匾，重新悬挂于南海神庙大殿之中，又从千里之外的福建精选了一方巨大的碑石，按原样、原尺寸翻刻了"万里波澄"碑，立于大殿前的庭院西边，并盖有碑亭护之，"万里波澄"碑亭和著名的明洪武碑亭遥遥相对，为长达千年的南海神庙又增添了一景。

南海神庙与波罗诞

四、神器遗珍

——南海神庙文物珍藏

（一）神奇的铜鼓

南海神庙的礼亭，赫然陈列着一面大铜鼓。这面大铜鼓面径138厘米，通高77.4厘米，壁厚0.4～0.6厘米。此铜鼓在中国现存的大铜鼓中排名第三。第一在广西，第二在上海。鼓面边沿处有六个立蛙按顺时针方向均匀分布，蛙已缺失，仅存蛙爪。鼓面正中为太阳芒纹，有八道粗短的光芒。另有八道光晕，鼓面和鼓身上，铸出云纹和四出钱纹。铜鼓形体硕大，但不大完整，底部部分残失。

由传世和出土的类似铜鼓得知，铜鼓上的青蛙塑像，形象逼真，生动传神，生气勃勃，显然经过匠师们的加工美化，寄托着人们的审美思想，是一种富有美学价值的艺术形象。为什么青蛙能得到铜鼓铸造者如此的青睐呢？南宋方信孺在《南海百咏》的序文中早已发出了感叹："周遭多铸虾蟆，两两相对，不知其何意。"有不少学者认为，铜鼓上的青蛙雕像与农耕文化的祈雨有关。也有人认为，由于青蛙是多子的动物，青蛙雕像表达了先民的生殖崇拜与祈求。

南海神庙大铜鼓，非常出名，历代志书和地方史类多有记载，其来历尚无定论。唐人刘恂撰的《岭表录异》记载："（唐）僖宗朝，郑絪镇番禺日，有林霭者，为高州太守。有乡野小儿，因牧牛，闻田中有蛤鸣，牧童遂捕之。蛤跃入一穴，遂掘之。深大，即蛮酋冢也。蛤乃无踪。穴中得一铜鼓，其色翠绿，土蚀数处损阙，其上隐起，多铸蛙黾之状，疑其鸣蛤，即鼓精也。遂状其缘由，纳于广帅，悬于武库。"有人据此认为今南海神庙大铜鼓即此面鼓也。据屈大均《广东

新语》记载:"南海庙有二铜鼓,大小各一,大者径五尺,小者杀五之一,高各称广。大者因唐代高州太守林霭,得之于蛮酋大冢。以献节度使郑絪,絪献于庙中者,其制中空无底,钏垂四悬……盖千余年物也……岁二月十三,祝融生日,粤人击之以乐神,其声……若行雷隐隐,闻于扶胥江岸二十余里,近则声小,远乃声大,神器也。"后一段记载,把铜鼓进行了神化,使其更带有神秘色彩。屈大均此说,使铜鼓声名大噪,并认定此鼓为僖宗朝的郑絪献于南海神庙的。不过,此说有些疑问,即僖宗朝的广州刺史,岭南节度使是郑续。在宪宗朝时为广州刺史、岭南节度使的是郑絪,屈大均可能据前朝记载以讹传讹,而将絪、续混淆了。

另一说是方信孺《南海百咏·铜鼓》记载:"今(南海神)庙之铜鼓,自唐以来有之。《番禺志》已载其制度,凡春秋享祀,必杂众乐击之,以佑神,又府之武库,亦有其二,其一盖僖宗朝郑续镇南海日,高州太守林霭所献。"方信孺是宋人,其记载和史实比较相符。

据学者研究,铜鼓的创始期大约是在春秋时期,是中国古代中南和西南地区少数民族具有代表性的器物。铜鼓的用途是多方面的。有的认为是南方民族的礼仪重器;有的认为是乐器,用于集会娱乐;有的说是军鼓,据说,广州"府之武库"的两面铜鼓也应是作为军鼓存放的。陆游的《老学庵笔记》中说,铜鼓"南蛮至今用之于战阵、祭享"。还有的讲是权力和地位的象征,被当作权力信物传给继承人;还有说是炊具和贮存财物的;有的认为是祭祀之器,据历史文献记载,南方居民自古以来多信巫鬼,岭南

南海神庙大铜鼓

越人很早就信巫。唐代诗人白居易的《送客春游岭南二十韵》诗中,有"牙樯迎海舶,铜鼓赛江神"之句,虽然不能说明是在南海神庙祭祀,但说明了岭南地区有以铜鼓祭神的习俗。到了唐代,这种习俗已

很普遍，不少诗人将铜鼓赛神的境况写入诗中，如唐代温庭筠的诗句"铜鼓赛神来，满庭幡盖徘徊"，唐代许浑的诗句"瓦樽留海客，铜鼓赛江神"。在宋代做过番禺县尉的诗人方信孺歌咏道："石鼓嵯峨尚有文，旧题铜鼓更无人，宝钗寂寞蛮花老，空和楚歌迎送神。"明代黎遂球在《波罗铜鼓赋》的序中说，南海神庙铜鼓还是"时鸣以祀祝融"。清代岭南诗家梁佩兰也作《南海神庙铜鼓歌》，详细地记述了南海神庙巫师敲击铜鼓祭神的习俗。明代魏濬的《峤南琐记》亦载："二月十三日祝融生日，土人击铜鼓以乐神。"众说纷纭，莫衷一是。然而，自唐宋以来，岭南地区的神庙中，多供奉有铜鼓，而南海神庙中的铜鼓，传闻除了在神诞庆典娱神之外，还有镇妖、定海之用。

清代屈大均对南海神庙的铜鼓非常喜爱，并作了深入研究，记录在重要的地方文献《广东新语》中，节选如下：

南海庙有二铜鼓，大小各一。大者径五尺，小者杀五之一，高各称广。大者因唐时高州太守林霭，得之于蛮酋大冢，以献节度使郑絪，絪以献于庙中者。其制中空无底……有光莹然可鉴，盖千余年物也。边际旧有蛙六，今不存。其小者或谓出浔州铜鼓滩。先是滩水湍急，舂石底作铜鼓声，入夜辄有光怪。一日水涸铜鼓见，太守取之……乃归于南海庙中。……岁二月十三，祝融生日，粤人击之以乐神。其声……若行雷隐隐，闻于扶胥北岸二十余里。近则声小，远乃声大，神器也。嘉靖间，海寇曾一本谋移去，铁索忽断不可举。有老父云：此铜鼓昔浮海至，其鸣应潮，自为大盗所移，灵蛙残缺，遂不复自鸣。又云：铜鼓之大者，旧雌雄各一，今庙所存者雄也，其雌向遇风雷，飞入狮子海中，今雄鸣，则其雌者辄相应云。粤故多铜鼓，或谓雷、廉至交趾濒海饶湿，革鼓多痹缓不鸣，伏波始制铜为之，状亦类鼓，而稍埤，缩腹下杀，周以繁纹，面上八角，皆缀以坐蛙，名为"骆越之鼓"。或曰《晋书》云：诸獠并铸铜鼓，以高大为贵。初成，悬于庭中，置酒召客，豪富子女则以金银为大钗，执以扣鼓，因遗主人，名纳鼓钗。……庙中铜鼓，盖诸峒獠所遗也。

由此可见屈大均对庙中铜鼓研究之深，屈大均当时所见只是庙中的一面大铜鼓，至于那面小铜鼓，他描述说，曾经听父老说那是一面雌性铜鼓，过去因为遇到狂风暴雨、电闪雷鸣，坠落到庙前的狮子洋

中，就再也没有出现过。但是如果有人叩击这面雄性大铜鼓，小铜鼓就会在水下呼应，一雄一雌相互唱和。这个传说，无疑给庙中铜鼓抹上了一层浓浓的神秘色彩。屈大均认为东汉马援南征时，由于南方气候潮湿，用皮革制造的鼓遇到潮湿则不鸣响，所以用铜制作鼓。实际上，据考古发现，铜鼓出现的时间可以早到战国时期。但对于生活在清初的屈大均来说，其对铜鼓的认识程度已是难能可贵了。据《广东新语·铜鼓》记载，铜鼓还有雌雄之分："粤之俗，凡遇嘉礼，必用铜鼓以节乐。击时先雄而后雌。宫呼商应，二响循环，音绝可听。其小者曰铛，大仅五六寸。凡击铜鼓必先击铛，以铛始亦以铛终。铛者，铜鼓之子，以子音引其母音也。"按照此记载看，南海神庙这个大铜鼓，还是属于雌的哩。

近年来，经考古学家考证，此铜鼓的铸造年代应在东汉晚期。至于是不是唐朝时出土于高州蛮夷大冢的那一面，因时代久远，人世沧桑，就很难做出判断了。

（二）玉印与铁钟

南海神庙内另一件珍品是南海神玉印。印呈方形，边长 10 厘米，青白玉精刻，印钮为狮子，可惜钮今已残失。印面刻篆书"南海神印"四字，据玉印的形制考察，其年代为明朝。广东地区流传下来的明代玉印数量不多，此印虽印钮脱失，印身却基本完好。对研究明代玉印风俗等有重要价值。过去，这枚南海神印被视若神明，每逢农历二月十一至十三日南海神诞，就有不少村民，买了庙会小摊档上卖的所谓波罗符，请庙中之人盖上神印，据说，有了盖上玉印的波罗符，即

南海神庙玉刻南海神印的底部及印文

可镇鬼治邪，旺财转运，保护家中老少平安。当然，这只是一种良好的愿望。玉印是人刻的，神灵何来？

除了玉印外，南海神庙还珍藏有一枚铜印，后不知其踪。据考证，此枚铜印铸于清代，比玉印稍大一些，铸工极为精致，字迹亦非常工整。

在南海神庙珍藏着一口大铁钟，明代景泰六年（1455年）铸造，高约105厘米，口径94.6厘米，重约200公斤。铁钟款识如下："景泰六年岁在乙亥月吉旦，重造钟敬奉波罗南海神，永远供养喜舍。信官鹿步巡政，本同流官、巡检、本庙道士。右钟在南海庙……"看来铁钟是鹿步巡政、本庙道士专门为供奉南海神而造。如今这口大铁钟保存完好，它见证了明代地方官民祭祀南海神的辉煌岁月。现南海神庙大殿展出的铁钟是按照明代铁钟铸造的仿制品，供游客参观。

四　神器遗珍

五、诗赋含英

——南海神庙诗咏风颂

（一）木棉花开文思涌

第十六届亚运会于 2010 年 11 月 12 日在广州隆重开幕。在第二幕《大地之水》中，以木棉花大作文章，木棉花的美感被展现得淋漓尽致。柔美与刚强的结合，展现出岭南人外柔内刚的气质与处事作风。所以南方的一些企业，比如南方航空公司等，就以木棉花作为企业的标志。

1991 年 2 月 9 日，联合国教科文组织海上丝绸之路考察团到广州考察海上丝绸之路的有关文化遗址，笔者之一（黄淼章）有幸参加了广州的整个考察活动并负责在南海神庙的接待和讲解工作，下面是当时的一段记录：

根据中国方面的安排，南海神庙是联合国教科文组织海上丝绸之路考察团在中国的第一个考察点。那天早上，我们一早来到南海神庙，突然发现庙内庭院两棵古老的木棉似乎通了灵性，绽开了火红的花朵，给千年古祠带来无限春意，而当时广州市内还没有一棵木棉开花。于是我灵机一动，在讲解中加入了古庙的木棉也提前开花迎接来自海上丝绸之路的友好使者的词语。观此奇景，许多外国来宾啧啧称奇，纷纷举起了相机拍下南海神庙木棉花开灿烂的壮观场景。

木棉是一种生长在热带的乔木，为岭南名树，是广东的特产。最早见载于葛洪的《西京杂记》：西汉时，南越王赵佗向汉廷进贡烽火树，"高一丈二尺，一本三柯，至夜光景欲燃"，据说此烽火树即木棉

树。广州人对木棉有着特殊的情感，这是因为木棉一直造福岭南。粤人以木棉为棉絮，做棉衣、棉被、枕垫，唐代诗人李琼有"衣裁木上棉"之句。宋郑熊《番禺杂记》载："木棉树高二三丈，切类桐木，二三月花既谢，芯为绵。彼人织之为毯，洁白如雪，温暖无比。"木棉花还可以做药，每逢春末采集，晒干，经拣除杂质和清理洁净后，用水煎服，可清热祛湿。

早在 1931 年，木棉花就曾被定为广州市花。1959 年，广州市长朱光赋《望江南·广州好》50 首，其中有"广州好，人道木棉雄。落叶开花飞火凤，参天擎日舞丹龙"之句，对木棉予以高度赞扬。1982 年 6 月，广州市人民政府再一次将木棉花定为市花。其入选的第一条理由是：广州历史上盛种红棉，如南海神庙、越秀山下至今仍保留着多株古老红木棉树。木棉树属于速生、强阳性树种，当木棉树树叶落尽时开始开花，花为五瓣，又

南海神庙内东侧红棉树

大又红，木棉树的树冠总是超越附近周围的树群，以争取阳光雨露，木棉这种奋发向上的精神及鲜艳似火的大红花，被人誉之为英雄树、英雄花。最早称木棉为"英雄"的是清人陈恭尹，他在《木棉花歌》中形容木棉花"浓须大面好英雄，壮气高冠何落落"。其高大挺拔，不管生于何处，都要比旁边的树高出一截，当春天到来，木棉花开之时，花满枝头，灿如红霞，像一支支燃烧着的巨大火炬将南天映得通红，蔚为壮观。而南海神庙大殿前庭院的两棵巨大的古老木棉树，很早就遐迩闻名，现在这两棵木棉都列入古树名花的保护范围，被列为广州市古树名木第一和第二号。

木棉花较大，色橙红，极为美丽，可供欣赏。古代广州木棉树种植甚广，其中以南海神庙前的十余株最为古老。每年农历二月，木棉花盛开，每天来观者达数千人，场面热闹，早在三百多年前，著名的

清代诗人屈大均就十分喜欢南海神庙的古木棉树，对木棉倾注了最真挚的感情。屈大均在《广东新语》中记载，南海神庙木棉"高十余丈，大数抱，枝柯一一对出，排空攫挐，势如龙奋，正月发蕾，似辛夷而厚，作深红、金红二色。蕊纯黄六瓣，望之如亿万华灯，烧空尽赤"。并且说波罗庙中有十余株木棉，他还赋诗《南海神庙古木棉花歌》颂之：

十丈珊瑚是木棉，花开红比朝霞鲜。

天南树树皆烽火，不及攀枝花可怜。

南海祠前十余树，祝融旌节花中驻。

烛龙衔出似金盘，火凤巢来成绛羽。

收香一一立华须，吐缤纷纷饮花乳。

参天古干争盘拿，花时无叶何粉葩。

白缀枝枝蝴蝶茧，红烧朵朵芙蓉砂。

受命炎洲丽无匹，太阳烈气成嘉实。

扶桑久已摧为薪，独有此花擎日出。

高高交映波罗东，雨露曾分扶荔宫。

扶持赤帝南溟上，吐纳丹心大火中。

二月花开三月叶，半天飞落人争接。

东方乱剪猩红绒，儿女拾来柔可折。

正及春祠百谷王，神灵不使马蹄蹀。

还怜飞絮白如霜，织为帔布作衣裳。

银钗叩罢双铜鼓，岁岁看花水殿旁。

诗中把木棉比作巨大的红珊瑚，并形象地赞美了木棉花绚丽多姿的景色。南海神庙中没有古柏劲松，波罗古树也难寻芳影，唯有两棵古老的木棉，给古庙增添无限风采。屈大均不独歌咏木棉的雄奇壮丽，更是借木棉抒发自己的人生际遇，由此诞生了这样的诗句：

受命炎州丽无匹，太阳烈气成嘉实。

扶桑久已摧为薪，独有此花擎日出。

清代嘉庆年间广东著名诗人宋湘亦赋诗赞颂木棉，其《木棉花》写道：

历落嵚崎可笑身，赤腾腾气独精神。

祝融以德火其树，雷电成章天始春。

要对此花须壮士，即谈风绪亦佳人。

不然闲向江干者，未肯沿街买一缗。

　　诗人借咏物以言志，首先赋予木棉花"历落嵚崎"之人格，写他"赤腾腾"的冲天气概，精神百倍，独立于花世界而没有匹敌。然后说是传说中的火神祝融给予他火一般红色，以帝王火德当运来歌颂他。同时点明在惊蛰后雷电发作的春色放花，突出木棉的不同凡俗。认为只有壮士才能和他相配，因其风姿也该是个佳人；人们舍得花钱买一束木棉花，正说明其可爱。作者借花以抒发独立不群的豪情。另一首歌咏木棉的诗更是对木棉赞赏有加，诗曰：

丹魂拍拍气熊熊，倔强虬龙烛照空。

人到海头才眼孔，花真汉后得英雄。

越王台畔春初日，广利祠前夜半风。

万道虹光掣南斗，为谁名压荔枝红。

　　"岭南三大家"之一的陈恭尹也非常喜欢南海神庙的木棉，留下了一系列赞颂木棉的诗歌。其中《木棉花歌》称赞木棉为英雄树，为后人传唱。

粤江二月三月来，千树万树朱华开。

有如尧时十日出沧海，又似魏宫万炬环高台。

覆之如铃仰如爵，赤瓣熊熊星有角。

浓须大面好英雄，壮气高冠何落落！

后出棠榴枉有名，同时桃杏惭轻薄。

祝融炎帝司南土，此花毋乃群芳主？

巢鸟须生丹凤雏，落英拟化珊瑚树。

岁岁年年五岭间，北人无路望朱颜。

愿为飞絮衣天下，不道边风朔雪寒。

　　当然，礼赞木棉的诗歌远远不止这些。诗以花起，花以诗贵，花井耀南天，古庙添秀色，南海神庙木棉树因此享誉南粤大地。现在神

庙仍有两棵古木棉，久经风霜，挺拔依然。广州市的园林专家十分推崇这两棵木棉，它的花开得特别早，又特别大，当广州市内的木棉还在含苞时，古庙的木棉已经怒放了，其躯干宏伟如苍龙，拔地参天。据测定这两棵木棉已有二三百年历史了，每逢南海神诞，木棉花开，如虬的古枝，绽满了又大又红灿若红霞的花朵，像两支巨大的火炬，照耀着千年古庙。如今，古庙庭院内两棵木棉树要四人才能合抱。西边的一棵木棉早年受雷击，树干中上部被击断，但古老的躯干仍傲然

南海神庙西侧红棉树

挺拔，伸出不少巨大横枝，顽强地生长着，和东边一棵木棉遥遥相对，宛若一对忠实的情侣，诉说着不尽的情话；又像两位忠实的卫士，护卫着南海神庙，使古庙更显久远，又充满蓬勃生机。

（二）浴日亭上诗如潮

宋元时期羊城八景之首的"扶胥浴日"或"波罗浴日"，是指游人登临南海神庙西侧小岗，观望海上日出。这个小岗高约十余米，名章丘。唐宋时，这里三面环水，前鉴大海，茫然无际。岗上建有小亭，称为看海亭。此亭始建于何时，已难考证，一般认为始建于唐代。

据史书记载，浴日古冈的阶梯共108级，但现在仅存72级。古代，广州文人墨客游南海神庙，喜欢黄昏泛舟于此，第

浴日亭上山台阶

二天拂晓时分登上古亭观日出。这里东连狮子洋，烟波浩渺。夜幕渐退，红霞初升，万顷碧波被染上一层金光，一轮红日从海中冉冉升起，一半仍浸在大海中，此种日浴大海的景象瑰丽多姿，无限风光，尽收眼底，令人赏心悦目，心旷神怡。北宋绍圣初年（1094年），大文豪苏东坡先生被贬至岭南惠州途中，在广州停留，曾慕名到南海神庙参观游览，并登上章丘小亭观波罗浴日。苏东坡被海中浴日的奇观所吸引，于是诗兴大发，写下了《南海浴日亭》一诗：

> 剑气峥嵘夜插天，瑞光明灭到黄湾。
> 坐看旸谷浮金晕，遥想钱塘涌雪山。
> 已觉苍凉苏病骨，更烦沆瀣洗衰颜。
> 忽惊鸟动行人起，飞上千峰紫翠间。

诗中充满豪气，苏东坡虽屡遭贬谪，而其心豪迈未尝减少。将夜色形容为剑气，把渔火形容为瑞光，晨曦比为金晕，江潮拟为雪山，病骨衰颜，一洗而去，竟无半点哀伤之意，此亦为被贬谪者所难能。言日出而道其形，只说此人与彼鸟，而"蓦然回首"，其形已在"千峰紫翠"之间了，结尾更是不著形迹，而尽得其势，意境高远。历代文人于浴日亭歌咏甚多，如杨万里、陈恭尹等，较而言之，苏东坡之诗实为上品。

苏东坡在亭上观看大海浴日，联想到钱塘江那排山倒海的大潮，可见当时这里观日出之壮观。苏东坡诗文大气恢弘，豪迈奔放。诗因亭作，亭仗诗威，有好事者将苏诗刻碑纪念，立于亭内，小山岗因此

浴日亭

声名远播，小亭也就被人称为浴日亭了。

自苏东坡题诗后，"波罗浴日"更加吸引无数的游人，但凡文人墨客慕名前来观浴日，大多吟诵苏诗，留下不少步东坡韵的诗篇，其

中较出名的有陆万钟、陈献章、董笃行、李绂等十余首，可见苏东坡的这首浴日亭诗影响之大。其中明代陆万钟《浴日亭次东坡韵》诗，流传较广：

> 万里南来共一天，孤亭杯酒酹前湾。
> 试看晓渡扶桑日，且喜春回若木山。
> 湖海几人怜壮志，风尘此会破愁颜。
> 吟余且指东溟外，家在松阴柳色间。

嘉庆道光年间诗人张维屏也有一首歌咏浴日亭的诗《浴日亭观日》：

> 破晓一声鸡，霞光万道齐。
> 日离旸谷大，天入海门低。
> 洗眼春波暖，回头宿雾迷。
> 孤亭光气象，樵顶望东西。

此诗一开始就点出了观日的景象，之后语句平和疏淡，不像屈大均的诗那么豪迈横逸，却也有值得回味之处。

在浴日亭苏东坡诗碑的后面，还立有一碑，是明代陈献章浴日亭和东坡韵诗碑。下文有专文叙述，这里从简。

陈献章的学生在读书之余也常常跟随老师来南海神庙游览，在浴日亭上观赏日出，亦留下了关于浴日亭的诗篇。官至南京吏、礼、兵三部尚书、增城人湛若水就是陈献章的弟子，一生不遗余力地发展白沙学说。平生游览和求学以至晚年，都离不开岭南，饱览了南海神庙的胜景，感慨万千，因南海神庙留下了不少优美诗篇，《浴日亭》就是其中一首。

> 九十东溟一老翁，扶胥歌罢水连空。
> 世间不管乘除事，月落潮生收钓筒。

湛若水的学生郭棐，广东南海人。有《岭海名胜记》传世，其中第十卷《南海庙志》保留了一些有关南海神庙的史料，弥足珍贵。他也有《浴日亭》（二首）遗惠世人。

其一

金轮飞出海东头，晻映沧波岛屿浮。

黄木湾光天上下，白云山色日沉浮。

人依蜃气披寒翠，花逐蟾光促酒筹。

闻说当年韩吏部，一碑千古壮南州。

其二

金乌初照扶胥口，赤焰先腾黄木湾。

漾滟晨光全射海，絪缊丹景半衔山。

三秋爽气澄天色，万里长风壮客颜。

遥忆旧随双阙直，日华端捧殿中间。

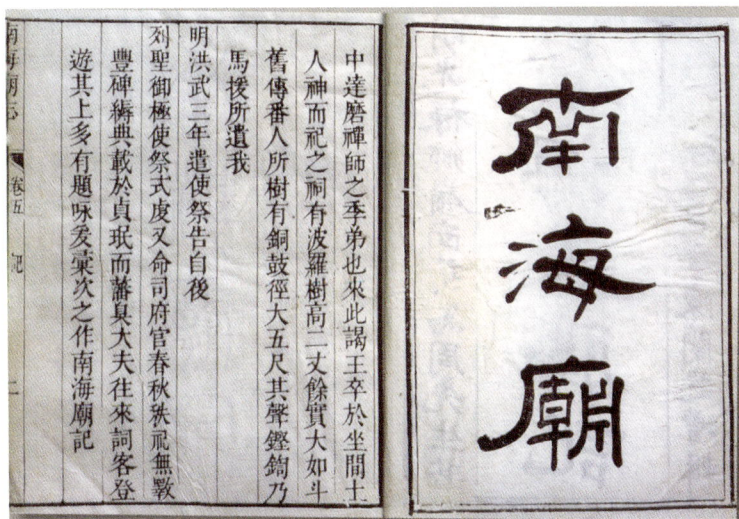

明代郭棐《南海庙志》一书

浴日亭上的秀丽风光吸引文人墨客留下了不少赞美的诗篇。但是，一反其道而行之，不谈日出，只言观雨，别出心裁的诗篇就比较少见了，乾隆时期著名诗人、顺德人黎简的《浴日亭观雨》就是这样的一首诗：

东南虚地力，风势揭重溟。

远色敛低雨，万涛趋一亭。

奋雷山趾动，沈鼓水宫灵。

幽怪宜兼夜，咸潮看沐星。

茫茫水色掩敛了低雨，浴日亭似乎为不尽之浪涛所趋赴撼击；奋雷撼动着山脚，而沉潜于波罗江中的铜鼓亦于水底下鸣响呼应。这样的描写，不落前人窠臼，的确别有新意。番禺汪兆铺评其"诗苦心孤诣，刻意新颖，言人所不能言"，从这里也可看出点端倪来。人称黎简诗、书、画"三绝"，确实很有道理。

在神庙内仪门东复廊还保留有几方歌咏浴日亭的诗碑，其中一首是王相的浴日亭诗碑，此碑立于明弘治九年（1496 年），碑上角残缺，损及文字，这是一首七言律诗：

> 波锦无涯结人思，朝朝日浴从何来。
> 一朝荡漾海涛红，万里光明天宝著。
> 缅历三百六十度，直彻古今元气数。
> 乾坤共造华此宝，许大世事如可数。

此诗描写了作者拂晓时分，登上浴日亭，面对旭日从海上升起，万里涛红的情景，引发了作者无限遐想。

明代薛纲《浴日亭诗》，今立于南海神庙仪门东复廊。诗前有一段小序："弘治三年秋，八月十有二日，予与方伯刘时雍祭南海神，夜泊浴日亭下，祭毕登舟，天色尚未明，见日柱已插海矣。倚蓬东望，诗兴浩然，噫吁！亭有坡翁诗刻，予敢言诗哉？识所见耳。"

> 黄木湾下夜推蓬，望望东溟一水通。
> 若木枝边天未白，玻璃影里日先红。
> 火炎鲛室愁波竭，珠照龙宫讶海空。
> 珍重坡翁诗刻在，日争光彩水争雄。

从诗中可以看出，明人还有夜祭南海神之举。当时，浴日亭和南海神庙还是前临大海的，"扶胥浴日"之景依然存在。以下再列举方献夫的诗作，供大家欣赏。

浴日亭

> 举目扶桑影在东，崦嵫西去尚无穷。
> 只堪义驭乾乾力，更有汤盘日日功。
> 玉宇清明通蟹窟，金衣光彩散龙宫。
> 闲来偶坐危亭上，万化枢机入手中。

由于历代诗人对南海神庙、章丘山、浴日亭的题咏极多，故此山、此亭的名气绝不亚于南海神庙，浴日亭非神庙的附属物，堪称为双璧，游庙必游山，庙、山成为不可分割的统一体。

浴日亭之名几经变化，据宋郑熊《番禺杂志》载，小亭名"看海亭"，自苏东坡赋《南海浴日亭》诗后，看海亭被改为浴日亭。至明代，《大明一统志》云："小山屹立，亭冠其颠，后改名'拱日'"。然而，由于苏东坡的浴日亭诗深入人心，后代名人和其诗多用浴日亭之名，使得至今人们只知浴日亭之名了。

当然，因明清之后江泥淤积，滩涂日渐向江心推移，南北之间距离日益变窄，小山丘离江水越来越远，浴日亭下已成一片海滩，由沧海变桑田了。"潮头高以数丈"，"万涛趋一亭"已成陈迹。随着狮子洋的变窄，到了清嘉庆

《岭南纪胜》中的浴日亭旧景

元年（1796 年），据崔弼的《波罗外纪》记载，浴日亭前所面对的水域已大为退缩。浴日亭下"今则淤积既久，咸卤继至……潮当长就岸易，水消长则平沙十里，挽舟行陆，进退两难"。到了清道光年间，附近海滩更因潮水退缩而成为一片田园。过去那波光帆影之景象已不复存在。明清的羊城八景也就没有它的美名了。今天波罗庙四周，更成为万顷良田了，到处稻田碧绿果树婆娑，不再是一望无际的大海。亭上再也难以欣赏到海上浴日的奇观了。

六、鸿影留名

——南海神庙名流莅临

南海神庙是我国古代帝王祭祀南海神的场所，又是宋元时期羊城八景之首，历史上，南海神庙吸引了大批文人贤士前来参拜和游览，浴日亭更是广州古代观海的好去处，因此也留下不少文人墨客的身影和他们吟咏留下的诗篇。

（一）唐宋名人

1. 唐代张九龄兄弟代祭南海神

历代帝王都十分重视祭南海神，每年都派高官重臣到广州祭南海，祈求海神保佑国泰民安、海运船舶畅顺平安。唐代武德贞观年间，朝廷正式定立制度，每年祭五岳、四渎、四海，并规定广州都督、刺史为祀官，就近祭祀南海神。开元盛世时期，唐玄宗李隆基十分重视对五岳和四海的祭祀，最少有五次派高官重臣到岭南祭祀南海神。此后，历代帝王祭南海神成为惯例。

张九龄（678—740 年），唐玄宗时大臣，韶州曲江（今广东韶关）人，长安二年（702 年）进士，任右拾遗，迁左补阙。开元二十一年（733 年），任中书侍郎同中书门下平章事，主张不循资格用人，又建议设十道采访使。唐玄宗怠于政治，他常评论得失。他是盛唐时期岭南第一位在中央封建政权担任宰相的政治家和著名诗人，张九龄后为李林甫所谮，罢相。著有《曲江集》。开元十四年（726 年），因为当时全国大部分地区久旱不雨，禾苗干枯，唐玄宗遣太常少卿张九龄祭南岳与南海，祈求南海神庇佑，早降甘露，解除旱情。

当时为什么选中张九龄前往祭南海神？因为在中原人士的印象

中，岭南一向是个穷疆僻壤的蛮夷之地，这时候朝廷仍然将岭南当作贬谪官员的流放发配之地。许多人将梅关驿道视为畏途，更甚于"难于上青天"的蜀道。可以想象当时朝中文武对前往岭南是多么恐惧，从"文明开化"的中原到"闭塞落后"的岭南做官，多少带有点悲壮色彩。唐玄宗开元四年（716年），时任宰相的张九龄建议开辟梅关驿道以沟通南北。此后梅关成为中原移民进入岭南的重要驿站，对于沟通南北经济、文化起了转运站的作用。梅关驿道与"九龄风度"也就成了岭南史上的双璧。据史料载，开元十四年（726年）四月，宰相张说被宇文融所奏，罢中书令；原任中书舍人的张九龄也因而受到牵连，改任为太常少卿，掌管宗庙礼仪。正因为张九龄身为岭南人并首倡开辟梅关古道，而且又为掌管宗庙礼仪的官员，理所当然地成为祭祀南海的大臣人选。

此次张九龄奉命祭南岳、南海神，也顺道回故乡韶州省亲。张九龄奉玄宗皇帝之命，以特遣持节的身份，千里迢迢南来广州祭祀南海神。他率随行人马浩浩荡荡，度梅岭，下浈水，途经故乡韶州时，皇命在身，未敢停留，祭祀完毕北还时才回家乡韶州省亲，可见张九龄为官忠贤和祭南海制规威严。

张九龄此次奉命祭南海，是历史上一次重要的祭祀，因在此之前，每年都是由广州都督、刺史为祀官就近祭祀南海神。这次由张九龄率队南行祭祀，显示了大唐皇帝对南海神的崇敬和重视，也从此开创了皇帝派重臣前往代祭南海神之先河。这与贞观年间定下每岁由广州都督、刺史为祠官就近祭祀南海神有所不同，更显示出皇帝对南海神的崇敬。据屈大均《广东新语》云，对南海神庙的祭典，自唐开元时始，那么南海神祭礼盛典应始于张九龄。

此后，唐朝国富民安，社会稳定，国库充盈。唐玄宗认为，南海神功劳很大，享受自隋以来的侯级待遇实有不妥，应升为王。同时，他为感恩四海神的庇佑，为国家带来丰厚的经济收入，于是下诏"四海并封王"，并举行盛大的祭海封神仪式。

十分有趣的是，在天宝十年（751年），张九龄已病逝十一年。唐玄宗派遣祭祀南海神的朝廷大臣就是张九龄的胞弟、义王府长史张九章。他奉唐玄宗之命，带着丰富的祭品南下广州祭祀南海神。唐代著名诗人杜甫赋诗《送翰林张司马南海勒碑》一首，为张九章临行

送别：

> 冠冕通南极，文章落上台。
> 诏从三殿去，碑到百蛮开。
> 野馆浓花发，春帆细雨来。
> 不知沧海上，天遣几时回。

这次张九章是奉金字玉简之册而来，封南海神为广利王，同时封东海神为广德王，西海神为广顺王，北海神为广泽王。这些封号，乍一看不过是泛泛的溢美之词，细究起来自有深意。南海神被封为广利王，这"广利"二字，意思是广招天下财利，其中蕴含了唐玄宗对南海神庙在对外贸易中的地位和作用的深刻认识和殷切希望。并于当年三月十七日备礼，举行空前隆重的仪式，给南海神封爵加冕。从此，南海神的地位由隋时的侯升为王，高了一级，祭祀之礼比前代更为隆重，除行立夏之祭外，增加春秋二祭。张九龄的弟弟张九章，明人所著《南海庙志》中有其所写《祭南海神庙记》，遗憾的是该碑刻没有留传下来。

就这样，一段历史无意而巧妙地记载了张九龄、张九章兄弟二人与南海神庙祭祀之情缘。

2. 苏东坡题诗浴日亭

北宋大文学家苏轼（1037—1101 年）与南海神庙也有一段情缘。苏轼，字子瞻，号东坡居士，眉州眉山（今属四川）人。宋哲宗时任翰林学士，曾出知杭州、颍州等，官至礼部尚书。后来被贬谪到广东的惠州、儋州。与父洵、弟辙，合称"三苏"。其诗清新豪健，善用夸张比喻，在艺术表现方面独具风格。词开豪放一派，对后代很有

崔弼《波罗外纪》中的浴日亭

影响，其中《念奴娇·赤壁怀古》、《水调歌头·丙辰中秋》传诵甚广。为"唐宋八大家"之一。苏轼擅长行书、楷书，与蔡襄、黄庭坚、米芾并称"宋四家"。

南海神庙西侧有一名叫章丘的小冈，冈上有一个亭。据宋郑熊《番禺杂志》载小亭名看海亭，因其地三面环海而成为羊城人观看南海日出的最佳之处。北宋绍圣元年（1094 年），文名和官名大噪的苏东坡获罪流放，被贬至岭南发配惠州途中，受其表兄、时任广南东路提点刑狱的程之才邀请，来到广州，这是苏东坡第一次来广州。据记载，"绍圣（宋哲宗）中，为章惇所排，以兵部尚书谪惠州，经南海……"当年被仁宗皇帝赞誉为两名"未来宰相"的进士兄弟，在改革派和保守派之间的斗争中，如今成了"不得签书公事"的罪臣。这是怎么样的一种历史颠倒啊！苏轼已是 59 岁高龄，身体多病而衰竭。四月以讥斥先朝的罪名贬知英州，未至贬所，再贬宁远军节度副使，惠州安置，其心情可想而知。在广州停留期间，慕名来到羊城八景之首的"扶胥浴日"所在的南海神庙拜祭南海神。他登上浴日亭，惊叹这庙前大海的壮阔，太阳的辉煌，天地的浩茫，庙宇的古朴。尤其是海上观日出的情景使他感叹不已：只见眼前天幕徐徐开启，瑞光乍现，黄木湾烟波浩渺，随着太阳冉冉升起，黄木湾一片霞光，面对这壮观的景象，苏东坡精神大作，多日的身心疲惫为之扫荡一空，苏东坡的心情如同眼前的潮水，澎湃起伏，他想起自己如今年迈多病，壮志未酬，无奈不远万里来到岭南。其情其景，也令漫游过无数名山大川，阅历深广的大文人苏东坡怦然动了心。刹那间灵感涌至，他便豪情满怀地即兴写下了《南海浴日亭》。

苏东坡此时虽处于人生低谷，一路南来都是郁郁寡欢，但此刻却已被南海广阔浩瀚的意蕴深深感染，一身"病骨""衰颜"仿如春风化雨，骤然清凉脱俗，在诗中没有流露出太多的伤悲和哀怨，而是充满了豪气。不过，他仍不由自主地想到了千里之外

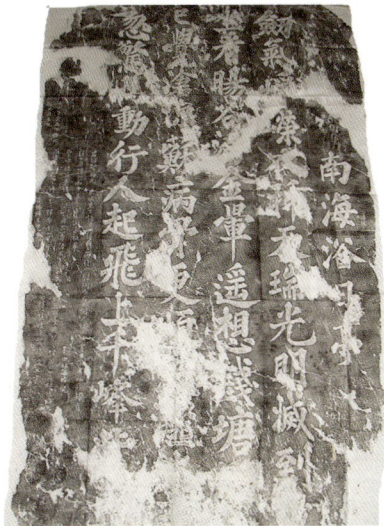

苏轼南海浴日亭诗碑拓片

的钱塘江大潮。那种背井离乡、遗弃中原的愁绪依旧深织，此时的岭南在他心目中还是不如中原。苏东坡此时身在广州，想到在临安（今浙江杭州）的往昔，观看大海浴日，联想到钱塘江那排山倒海的大潮，也可见当时浴日亭观日出之壮观。

诗因亭作，亭以诗威。嘉定年间广州知府留筠将苏东坡所吟之诗刻到石碑上以作留念。小冈因此声名远播，亭内有重刻碑立亭中。后名声渐渐远播，自苏东坡赋《南海浴日亭》诗后，看海亭被改为浴日亭，"扶胥浴日"或"波罗浴日"更被评为宋元时期的羊城八景之首。难怪历代有众多的文人墨客游完南海神庙，喜欢黄昏泛舟于此，第二天拂晓时分才登上古亭观日出呢！烟波浩渺，夜幕渐退，红霞初升，因而留下不少与苏东坡应和的诗句。清人金青茅编有《浴日亭次韵诗》及续编，录诗多达二百余首。其中较出名的有陆万钟、陈献章、董笃行、李绂等人的十余首。

在广州逗留的那一段时日里，苏东坡还写下了"朝市日已远，此身良自如。三杯软饱后，一枕黑甜余。蒲涧疏钟外，黄湾落木初。天涯未觉远，处处各樵渔"的句子，坦然自得的心态跃然纸上。

苏东坡随后到了惠州上任，在那里兴修水利，大办农业，重视教育，深受当地人的爱戴。而他亦如自己所言"日啖荔枝三百颗，不辞长作岭南人"，已完全融入了岭南。即使是在异乡——万里之遥的岭南，诗人仍然豪情不减，发出了"浩然天地间，惟我独也正"的壮语，岭南的"险恶风涛"不但没有消磨掉他的斗志，反而更加激发了他的志气。苏东坡在岭南七年，留下了大量诗篇，"我生涉世本为口，一官久已轻莼鲈；人间何处非梦幻，南来万里真良图"，可以作为他在岭南的真实写照。

苏东坡题诗的浴日亭，在宋元之际还处在大海边，如今海岸线已经后退了几百米，浴日亭周围也变成了一片滩岸。到了清朝，浴日亭下已成一片海滩，由沧海变

珠江河上的四景之一——波罗庙

桑田了。连接神庙与珠江之间的河道宽仅数米至十米左右，大船根本无法直接抵达神庙，而且神庙南面的水面如今也早已远离南海神庙。登亭远眺，如今的扶胥港因淤积众多，不复当年"登以望海，渺茫无极"的景象。如果苏东坡再世，再次登临浴日亭不知会作何感想呢？

3. 杨万里作诗赞庙会

杨万里（1127—1206 年），南宋词人，字廷秀，世称诚斋先生，吉水（今属江西）人。其诗与尤袤、范成大、陆游齐名，被称为"中兴四大家"或"南宋四家"。以构思新巧，语言通俗明畅而自成一家，在当时称为杨诚斋体。一生做诗二万多首，传世者仅为其一部分，著有《诚斋易传》、《诚斋集》等。杨万里为宋绍兴二十年（1154 年）进士，曾任广东常平茶盐公事，广东提点刑狱。作为一名广东的地方官员，到南海神庙游历一番是再平常不过的事了。杨万里多次到南海神庙，南海神庙的独有景致让他写下了不少诗篇。浴日亭更是诗人的最爱，其《南海东庙浴日亭》诗，就是欣赏海上日出时留下的精彩篇章。诗文气势恢宏，使人感同身受，如同亲见。

> 南海端为四海魁，扶桑绝境信奇哉。
> 日从若木梢头转，潮到占城国里回。
> 最爱五更红浪沸，忽吹万里紫霞开。
> 天公管领诗人眼，银汉星槎借一来。

杨万里还有一首谒南海神庙诗，诗名为《二月十三日谒西庙早起》。读罢，岭南民众赶庙会的民风民俗跃然纸上。

> 起来洗面更焚香，粥罢东窗未肯光，
> 古语旧传春夜短，漏声新觉五更长。
> 近来事事都无味，老去波波有底忙？
> 还忆山居桃李晓，酴醾为枕睡为乡。

广州黄埔扶胥港边的这座南海神庙世称东庙，因为在今广州西关一带过去另有一座南海神庙，俗称西庙，今已毁，但规模不及东庙。诗中描写了在农历二月十三日，为了拜祭南海西庙，诗人杨万里一大

早便洗面焚香，吃罢早粥天还未光。可见诗人对南海神亦十分敬重和虔诚，诗名明确讲二月十三日前去神庙拜神，可见宋朝时已定下二月十三为南海神的诞辰了。此诗也因此证明，南海神庙的庙会最迟始于宋代。

杨万里还有一首著名的《题南海东庙》诗，不仅为我们记述了南海神庙的地理位置和由来，更是描写并赞美了南海神庙浴日亭上观海的壮丽景色，让人羡慕不已，可恨自己不能亲眼目睹当年美好壮观的景致。你看，海浪一波又一波地拍击海岸，激起水珠无数，阳光照耀之下，颗颗碎雪遍布眼前，让人的心随之激动万分。于是诗人为之挥就如下诗篇：

罗浮山如万石钟，一服南走如渴龙。
雷奔电迅遮不住，直抵海滨无去处。
低头饮海吐绛霞，举头对著祝融家。
珠宫玉室水晶殿，万水一日朝再衙。
青山四围作城郭，海涛半浸青山脚。
客来莫上浴日亭，亭上见海君始惊。
青山缺处如玉玦，潮头飞来打双阙。
晴天无云溅碎雪，天下都无此奇绝。
大海更在小海东，西庙不如东庙雄。
南来若不到东庙，西京未睹建章宫。
海神喜我著绮语，为我改容收雾雨。
乾坤轩豁未能许，小试日光穿漏句。

这是一首赞美南海神庙的千古绝唱。诗人把南海神庙比作汉代长安著名的建章宫，反映了它所在地区的繁华。从宋代起，南海神庙所在的扶胥镇已是一个人口众多、商贸繁荣的市镇。南海神庙西边山冈之上的浴日亭就因"扶胥浴日"被列入羊城八景之列，为苏东坡等往来诗人赞颂。庙前"海不扬波"牌坊，折射出中外航海者祈求平安的共同愿望。目前，南海神庙已将庙内外环境整治，这一横贯东西、连接全球的海上丝绸之路史迹将继续创造辉煌。

4. 刘克庄喜游波罗诞

南宋时期的诗人刘克庄（1187—1269 年），曾于嘉熙四年（1240

年）到广东上任，担任广东提举，次年升为转运副使，又次年兼摄广州市舶使。广州的海外贸易十分繁荣，南海神庙所在的扶胥港是广州对外贸易的重要港口，身为主管海外贸易的市舶使刘克庄，加之他的文人情怀，早已名声在外的羊城八景之一"扶胥浴日"所在地南海神庙，不会不对他产生深深的吸引力，因而畅游南海神庙、登亭观景已是再自然不过的事了。

自认为"忧时原是诗人职，莫怪吟中感慨多"的刘克庄是南宋文学家。初名灼，字潜夫，号后村居士，莆田（今属福建）人。以荫入仕，淳祐初赐同进士出身，官至工部尚书兼侍读，以龙图阁学士致仕。其诗初学晚唐，后推崇陆游，但主要学习陆游的善作"奇对"和"好对偶"，喜用典故成语。诗词颇有感慨时事之作，渴望恢复北方土地，反对秉政者的妥协苟安。为江湖派重要作家。词风豪迈，颇受辛弃疾影响，在江湖诗人中年寿最长，官位最高，成就也最大。他一生"前后四立朝"，但时间都很短暂，多数时间被贬斥出守外郡，这样便扩大了眼界，接触社会面较为广阔，诗歌内容亦随着丰富起来。有《后村先生大全集》留世。

刘克庄来到岭南，对岭南风物赞不绝口，曾写下了"春深绝不见研华，极目黄茅际白沙。几树半天红似染，居人云是木棉花"这样的赞叹木棉的诗句。在广州，刘克庄遍游名胜古迹，抒发他的诗人情怀。借南汉御苑——药洲花苑遗址抒发了他的愤慨之情："役民如犬马，国破作降俘。往往湖中石，宣和艮岳无。"以此借古讽今，大胆讽刺南宋政权。

广州城外古老的南海神庙、庙前壮阔繁华的扶胥港、每年一度热闹喜庆的波罗庙会，更是让刘克庄常常留恋，因此而写下了不少名诗佳词。面对庙内的韩愈碑，感同身受，仿佛遇到了知音，认为自己和韩愈一样，空有报国之心，而难以施展，仕途不顺，屡屡失意。他敬仰韩愈的为人与才情，愈加喜爱韩愈碑了，不由写下了这样的诗句：

> 一阵东风扫喧霾，天容海色豁然开。
> 何须更网珊瑚树，只读韩碑也合来。

由此可见他对韩愈碑的推崇之情。

他的一首《浴日亭步东坡韵》为我们描写了他常常于黄木湾泛

舟，登临浴日亭观赏日出的情景和心情。

亭傍乔木拂云天，亭下高桅泊晚湾。

白是张骞曾泛水，青疑徐福所求山。

羊城隔雾愁回首，鲸浸收风喜见颜。

却笑金乌并玉兔，辛勤出没雪涛间。

刘克庄对波罗庙会更是喜爱万分，他认为游玩于波罗庙会是人生一大快事。因而也以诗歌表达了他的喜爱、快乐的心情。其中刘克庄赋有《即事四首》盛赞波罗诞期的热闹场面。其一云：

香火万家市，烟花二月时。

居人空巷出，去赛海神祠。

此诗描写了农历二月波罗诞期间，在广州东庙（即南海神庙）举行波罗庙会时，万人空巷，去赶庙会的热闹场景。位于广州出海口扶胥港的南海神庙，是出海商人祷告之所，它的兴旺，从侧面反映了广州海外贸易的繁荣。其二云：

东庙小儿队，南风大贾舟。

不知今广市，何似古扬州。

此诗更直接指出海外贸易之盛，因而繁华程度可与扬州相比。其中的"香火万家市，烟花二月时。居人空巷出，去赛海神祠"一诗成了研究波罗诞年代问题的重要文献，说明南宋时已有波罗诞庙会。如今，我们依然可在他的诗中，感受那千年前的南海神庙会的热闹，以及诗人喜爱的心情。

（二）明清名人

1. 陈献章和诗浴日亭

众所周知的浴日亭苏东坡诗碑的后面，还立有一碑，是明代陈献章浴日亭和东坡韵诗碑，

浴日亭追次东坡韵
诗碑拓片

碑文字体厚重自然，意态灵动，字间粗疏。诗云：

> 残月无光水拍天，渔舟数点落前湾。
> 赤腾空洞昨霄日，翠展苍茫何处山？
> 顾影未须悲鹤发，负暄可以献龙颜。
> 谁能手抱阳和去，散入千岩万壑间。

此碑文是用茅笔所书，极为豪放洒脱，可称为陈的代表作，有极高的书法艺术价值。后人同样也将陈献章的诗凿刻立碑。将两诗碑并存亭内。陈献章的诗意境似乎比苏东坡所吟之诗更超脱一些，故勒碑留与今人欣赏。现仍完好保存在南海神庙的浴日亭中。

陈献章（1428—1500 年），明代广东著名的思想家、教育家、书法家，字公甫，号石斋，晚号石翁，新会白沙村人，故世称白沙先生，正统举人。他学识渊博，却又不愿为官，自称古冈病夫。陈献章因处于乡间，得笔不易，故独创茅草为笔，誉称为茅龙，在书法史上独树一帜。

陈献章作《浴日亭和苏东坡韵》一诗时，年事已高。在此之前，受到朝廷的征召，赐予官职。他以一介布衣，得到"真儒复出"之誉，可以说是意气风发，志得意满。于是诗中便有"顾影未须悲鹤发，负暄可以献龙颜"之语。其出则辅君济世，穷则独善其身的儒家士大夫的思想，如同黄木湾的渔火，还是"明灭"可见的。其曾应召，被推荐至京，但不为权贵所喜，屡荐不起，便以老母及自身有病为由辞官，授翰林院检讨而归，之所以自称古冈病夫，是坚持不做官的意思。他生于岭南，老于岭南，在归隐田园期间，多流连于西樵、白云、南海神庙等名山大川、名胜古迹，借物喻志，抒发情怀。他一生唯重心性之学，主静坐"澄心"，开明代心学之先声。他继承陆九渊"心即理也"的观点，认为宇宙只是一理的表现，这理便是心。其学说在中国哲学史上占有重要的地位。他的著作有《白沙集》留世。他对自己的书法主张曾如此道："吾书每于动上求静，放而不放，留而不留，此吾所以妙乎动也。得志弗惊，厄而不忧，此吾所以保乎静也。法而不囿，肆而不流，拙而愈巧，刚而能柔。形立而势奔焉，意足而奇溢焉。以正吾心，以陶吾情，以调吾性，吾所以游于艺也。"屈大均在《广东新语》中如此评价陈白沙的书法："白沙晚年用茅笔，

奇气千万丈，峭削槎枒，自成一家。其缚秃管作擘窠大书尤奇，诸石刻皆亲视工为之。故《慈元庙》、《浴日亭》、《庄节妇》诸碑，粤人以为宝"，可见在清代初期，陈白沙的《浴日亭和苏东坡韵》碑已经是广东人眼中的一宝了。此碑能够完好保存至今，更显弥足珍贵。所以现在浴日亭上设立铁质栅栏围护，游人只好远观了。

除了上面所说《浴日亭和东坡韵诗》外，陈献章还赋有《扶胥口书事·借浴日亭韵》一诗。

> 早春约我扶胥口，今日进舟黄木湾。
> 使君已去漫留诺，水国独吟空见山。
> 老去烟波真得地，晚来风日更开颜。
> 明朝去觅南川子，与话平生水石间。

从诗中可知，陈献章是赴约而至黄木湾的，岂知到后对方已走，所以诗人只能独吟于黄木湾。陈献章另外一首有关南海神庙的诗，把置身于南海神庙的他，喜不自禁，不拘礼节，自由散发，十分旷达的一面表现得淋漓尽致，值得我们研读一番。

南海祠下短述

> 虎门千顷雪浪腾，中有长鲸鼓鬣行。
> 看弄渔舟过白日，欲抛尘土往沧溟。
> 江西不得夸彭蠡，李白何须醉洞庭。
> 天际有山皆古色，水边无树不秋声。
> 一春桃李风吹尽，万里乾坤雨洗清。
> 画舫乘空书卷白，晴霞映水布衣明。
> 不辞海上儿童识，亦有祠前老树精。
> 岁岁放歌来此地，晚年偏喜不簪缨。

此诗歌颂了黄木湾海浪滚滚，巨鲸漫游，渔舟扬帆，尘绝沧溟的景象。历史上彭蠡、李白泛舟江湖，对酒当歌亦不过如此。春风吹尽桃李，春雨洗净乾坤，画舫载书，霞映布衣，不亦乐乎。每年波罗诞都来歌咏游览，晚年生活不亦快哉！正因为诗人如此钟情于南海神庙及其周围的美丽景色，喜欢波罗诞的热闹场面，才会"岁岁放歌来此地"畅游一番。

2. 汤显祖结缘南海神庙

明代最杰出的戏曲家，当推汤显祖无疑。他与莎士比亚一起被誉为东西方剧坛的两颗巨星。他的《牡丹亭》中的《谒遇》，取材于其在广东肇庆会见意大利传教士利玛窦的场面。之所以如此，乃因为汤显祖曾经被贬为广东徐闻县典史，于是踏足广东，才会使得这位以"临川四梦"著称的江西才子与广州黄埔的南海神庙产生了一段不解之缘。他曾数临南海神庙，四咏其事。

汤显祖（1550—1616年），字义仍，号若士，别署清远道人，出生于江西临川县，三十三岁中进士，开始步入官场。他生活于明代政治极为腐败的时期，百姓无以为生，文人雅士受到残害。而他却仗义执言，因而得罪了权贵。

明神宗万历十九年（1591年），汤显祖任职于南京礼部主事，是个不大不小的官员。他看不惯奸臣弄权的政治局面，毅然上书《论辅臣科臣疏》，指陈朝政，抨击宰相，矛头直指神宗皇帝"陛下经营天下二十年于兹矣。前十年之政，张居正刚而有欲，以群私人嚣然坏之。后十年之政，时行柔而有欲，以群私人靡然坏之"。因此差点丢掉身家性命，幸亏他声誉显赫，才被流放到广东徐闻，当一个不入流的典史。

汤显祖前来广东之前，友人认为岭南为"瘴疠之地"，十分危险。而他却坦然回答："弟去岭南，如在金陵。清虚可以杀人，瘴疠可以活人。此中杀活之机，与界局何与邪！"而且还说，平生很想畅游罗浮山，可惜连做梦也去不了，现在当了一个小小的典史，就能够了却心愿，何乐而不为呢！可见他的豁达以及对岭南的向往。

在赴任途中，纵贯广东南北，岭南的山川美景尽收眼底，才华横溢、诗潮如涌的他留下了大量诗篇。在广州，他对广州黄埔古港以及海外贸易的繁荣赞叹不已，发出了"临江喧万井，立地涌千艘。气脉雄如此，由来是广州"的感慨。广州古港边的南海神庙，早已蜚声中外，更是给汤显祖留下了深刻的印象。激发了他的创作热情，写下了《波罗庙》这样的诗篇：

> 不到东洲驿，来朝南海王。
> 虎门嫖赤气，龙阙动朱光。

铜鼓声威汉，金碑字隐唐。

炎池堪浴日，今夜看扶桑。

汤显祖也一如所有的文人雅士，到南海神庙必登上浴日亭观赏海上美景，留下了歌咏诗篇，《南海浴日亭拜长至》就是其中一首：

孤臣遥浴日，沧海亦书云，

愿得扶桑影，年年奉圣君。

五拜晴云北，连呼万岁三，

爱日逢南至，波臣亦至南。

另外他还赋有《达奚司空立南海王庙门外》、《宿浴日亭出小浪望海》、《南海江》、《南海庙》等有关南海神庙的诗篇。他的广东之行，踏足南海神庙，为我们留下了大量珍贵的文化财富，值得后人品鉴和研究。

3. 屈大均的"家庙"情结

研究南海神庙，不能不提到一个人，那就是岭南三大家之一的屈大均。屈大均对南海神庙的感情之深、游历次数之多、留下的文章之丰富，可以说在历代名人中无人能出其右。

屈大均（1630—1696 年），字介子，又字翁山，号华夫、冷君、番禺沙亭人。父亲因家贫入赘邵家，因而大均初姓邵名龙。屈大均自幼聪慧，16 岁补南海县学生员，遂随父亲返沙亭乡拜谒祖祠，认祖归宗，复改姓屈氏。其故居番禺沙亭，与南海神庙隔江相望，因之他在《广东新语》中说："而吾乡沙亭，与庙仅隔一江，一舸随潮，瞬息可至。以有祭田之供，辄视之为家庙焉。"所谓家庙，就是本族私祭之庙。沙亭乡究竟有多少祭田供奉南海神庙呢？屈大均在《广东新语》中有详细地描述：

《广东新语》书影

"庙向无祭田，宣德间，吾从祖罗壁、秋泉、南窗三公，始施田六顷六十八亩。在波罗海心沙，东马廊、西马廊、深井、金鼎、石鱼塘。天乃潮田，岁一熟。淤泥所积，子母相生，今又增数顷矣。庙中有道士一房，僧二房，收其租谷，岁仲春十二、十三日，有事于庙。罗壁子孙主道士，秋泉、南窗子孙主于僧。予从兄士煌有碑志其事。"从宣德年间开始，有数百亩祭田供奉给南海神庙，随着江岸冲积形成的田地数不断增加，对维护南海神庙的正常开支作出了很大贡献。由此可见屈大均及其族人对南海神庙的重视程度。

屈大均在《广东新语》中分别以"南海之帝"、"南海神"、"天语·日语"等篇章，详细描述了南海神的由来、南海神庙的地理位置、朝廷的重大祭祀盛况，为后人研究南海神庙留下了一笔丰富的历史资料。

由于他来到南海神庙游历次数很多，对南海神庙的浴日亭、木棉树、波罗树同样也产生了深厚的感情。

"扶胥浴日"是宋元羊城八景之首，吸引了各方人士登临此地，留下了大量歌颂文章。当然，屈大均也不例外。他常登临浴日亭，在《广东新语·天语·日语》中如此描述：

扶胥者，广东诸水之汇也。南海之神庙焉，其西南百步有一峰，峭然出于林杪，是曰章丘。俯瞰群舸之洋，大小虎门之浸，惊涛怒飓，倏忽阴晴，洲岛蒙回。远山灭没，万里无际，极于尾闾，诚炎溟之巨观也。一亭在其上，以"浴日"名。吾尝中夜而起，四顾寥寂，潮鸡始声，月影未息。俄而狮子海东，光如电激，由红而黄，波涛荡涤，半晕始飞，鸿蒙已辟，火云一烧，天海皆赤。潮头高以数丈，日体大可百尺，因咏子瞻"坐看旸谷浮金晕"与白沙"赤腾空洞昨宵日"之句，心荡神摇，欲拟之而茫然未得也。……亭曰"浴日"者，《淮南子》云："日浴于咸池。"咸池者，旸谷也。凡日出之处，昔曰"旸谷"。

从这段文字，可看出屈大均对浴日亭倾注了很深的感情，他对苏东坡、陈献章的诗给予高度赞赏，面对前人的诗句，面对浴日亭上美好的景色，他"欲拟之而茫然未得也"。虽说如此，能写下上面这段描写景色的妙文，于事有感，佳句自出，已属难得。如今可惜浴日亭不再"前鉴大海"，不复"惊涛怒飓"之旧观，沧海桑田，恐怕是屈

大均不曾料到的。

　　屈大均知识广博，对岭南的植物有专门介绍，而对于视为家庙的南海神庙内的树木，更是如数家珍，将植物的知识、史实、传说、文献资料相结合，写出阅读性极强的地方文献。南海神庙俗称波罗庙，屈大均在《广东新语·木语·波罗树》里描写了波罗树以及波罗庙之名的来历：

　　波罗树，即佛氏所称波罗蜜，亦曰"优钵昙"。其在南海庙中者，旧有东西二株，高三四丈，叶如频婆而光润。萧梁时，西域达奚司空所植，千余年物也。他所有，皆从此分种。生五六年至径尺，削去其杪，以银针钉腰即结实。其实不以花成，实乃花。然常不作花，故佛氏以优钵昙花为难得。……波罗熟以盛夏，大如斗，重至三四十斤。皮厚有软刺，礌砢如佛头旋蠃。肉含纯瓤，间叠如橘柚囊，气甚芬郁，有干湿苞之分。干苞者，液不濡腻，味尤甜。每实有核数百枚，大如枣，仁如栗黄，爆熟可食，能补中益气，悦颜色。天下果之大而美者，惟此与椰子而已。庙中二树已朽，今所存是其萌蘗，亦大数十围，薜萝纠缠，枝柯臃肿，与诃子、槐、榕诸树，森列阶下，皆数百年物也。相传波罗国有贡使，携波罗子二，登庙下种。风帆忽举，舶众忘而置之。其人望而悲泣，立化庙左。土人以为神，泥傅肉身祀之，一手加眉际，作远瞩状，即达奚司空也。庙以故及江皆名波罗。庙外波涛浩森，直接重溟，狮子洋在其前，大小虎门当其口，欠伸风雷，嘘吸潮汐，舟往来者必祇谒祝融，酹酒波罗之树，乃敢扬风鼓柁，以涉不测。

　　波罗树，属于外来树种，能够在南海神庙栽种，以及由此而来的庙名，说明广州作为对外的重要通商港口，随着商贸往来，与外界文化的交流，官方、民间的交往逐渐增多。屈大均在这里为我们记述了波罗蜜的原委和历史，留下了珍贵的资料。

　　木棉，现为广州市花，岭南常见之木。过去南海神庙有十余棵，现庙内仅余两棵。木棉高直硬朗，大可数抱。春天开花，一树皆赤，列焰排空，一时蔚为奇观，前来南海神庙的文人墨客无不对木棉加以赞赏。屈大均在《广东新语》有载："南海祠前，有十余株最古，岁二月，祝融生朝，是花盛发。观者至数千人，光气熊熊，映颜面如赭。"文中所说祝融生朝，是指农历二月十一到十三的南海神祝融诞，

此时各方人士来庙祭拜，正值木棉花开，观者如潮的景象。历代歌咏木棉的名人很多，如陈恭尹、梁佩兰，都留下了精彩的诗句。其中尤以屈大均的《南海神祠古木棉花歌》独树一帜，最为出彩，为后来者不断传颂。

4. 陈恭尹与南海神庙

陈恭尹也是清初岭南三大家之一，字元孝，号半峰，晚年号独漉子，又称罗浮布衣，广东顺德龙山人。他出生于明代崇祯四年（1631年），后于崇祯十三年（1640年）在广州与增城湛粹之女定婚。他的父亲在顺治四年（1647年）于广州四牌楼英勇就义，之后庶母和二弟被杀，他藏于增城岳父家而幸免于难。之后陈恭尹大多居住于增城新塘，间或居于顺德，往来之间，由水路必会经过南海神庙外的扶胥江，而南海神庙历史悠久，为中国四海神庙中唯一的尚存者，其影响之大，陈恭尹不可能不常到庙游历一番。他也留下了一些传世诗篇：

> 望远孤亭尽，凭高古殿尊。
> 碑留千岁字，神降百王言。
> 汇水成天堑，排山作海门。
> 登临何限意，稽首候朝暾。

这首《南海神祠下作（前有浴日亭）》（《增江后集》）就是陈恭尹在游历一番南海神庙之后而作。诗人登上浴日亭，思绪无限，感慨良多，肃穆稽首，静待日出。而另一首诗与上面的诗题材相同，但风格大相径庭，值得玩味。诗云：

> 天外千峰沉不起，铜龙漏断银蟾死。
> 天鸡大叫惊海水！
> 海水蒸变生火云，赤轮微转天地分。

这首《扶胥观日出歌》（《增江后集》）描写了千峰沉寂而不起，龙漏水断，银蟾渴死，一片静谧之时，突然天鸡一叫，海水惊沸，变为火云，太阳徐徐而出，天地为之分开的意境，题名为"歌"，方显其体裁自然，诗句也就不限于偶数。

陈恭尹不独对浴日亭赞美有加，由于木棉为岭南特产，二月开花，

无叶陪衬，一树皆赤，如火舞横空，数棵并列，无比壮观，其他树木难以比及，所以文人墨客多有歌咏。同岭南三大家之另外二人屈大均、梁佩兰一样，陈恭尹对南海神庙的木棉亦留下了歌咏之句。《南海神祠古木棉花歌》就是一首赞赏木棉的佳作。他每次看到南海神庙中的木棉，不禁联想到，此处的木棉开得如此妖娆，难道是南海神感佩于木棉的正直而予以木棉特殊的礼遇？因而他在诗中说：

> 祝融帝子天人杰，凡材不敢官前列。
> 挺生奇树号木棉，特立南州持绛节。

不仅如此，他还充分展开想象，认为自己钟情的木棉如同：

> 玉女三千笑口开，电光一夜枝头掣。
> 受命扶桑捧日车，旌旗片片裁虹霓。
> 六龙战胜各归来，髭髯尽化玄黄血。

他写木棉，颂木棉，其实也在表达自己的心声：

> 不尔花红何太烈！君不见四照之枝不可寻，
> 赤松渺矣火井深，为君岁岁呈丹心。

在诗中，陈恭尹感叹木棉的正直、发奋向上，也是寓意自己能够成为像木棉树那样的人。可以说，此诗不愧为一上乘之作。

陈恭尹曾因事下狱二百余日，经此变故，虽酬唱之作不少，但诗中用语少了率真之词而多了隐晦之语。比如曾因中丞冯再来相招而同游南海神祠、登浴日亭观景之后赋诗道："布衣未敢辞高宴，赤舄无嫌踏野苔。南国禹功元不到，安流须仗济川才。"他身为一布衣，却谦虚地称自己不敢辞高宴，岭南距离中原遥远，夏禹治水的功绩达不到岭南，所以河海的风平浪静尚待冯中丞这样的济川之才，抬高冯中丞的语气已是十分明显。

康熙二十三年（1684 年）十月，王上祯以詹事府少詹事兼翰林院侍讲学士身份，奉诏自京师前来祭祀南海神。在广州期间，陈恭尹与之结伴同游，南海神庙当然在同游之列，他们早已相识，所以在一起畅谈诗文。这从陈恭尹留下的《扶胥歌》中可见一斑。"都将十载相

思梦，化作江城半月谈。……我抱区区君所察，来时更枉群公札。"陈恭尹得到北方诸公的诗札，说明他的声誉传遍南北。

陈恭尹作为一个文坛大家，诗名远播。多年来经常往来黄埔水道，常畅游南海神庙，留下了不少酬唱之作，可供我们欣赏。

5. 王士禛奉命祭南海

王士禛（1634—1711 年），又名士正、士祯，字子真、贻上，号阮亭，晚年自号渔洋山人，新城（今山东桓台县）人。因新城明清时属于济南府，所以他常常自称济南人。出身于世代仕宦之家，家学渊远，其家族被后人称为"六世七尚书，新城王半朝"。王士禛历任礼部主事、礼部员外郎、户部郎中、国子监祭酒、詹事府少詹事兼翰林院侍讲学士、刑部尚书。

康熙二十三年（1684 年），皇帝东巡泰山，遣官分祭岳镇海渎。康熙皇帝十分看重王士禛，于是派遣身为詹事府少詹事兼翰林院侍讲学士的王士禛南下祭祀南海神。次年二月，经过数月的长途跋涉，翻山越岭，终于来到广州，前往南海神庙主持祭祀大典，祭祀完毕，登上浴日亭一睹早已耳闻的海上秀丽风光。诗人的激情、南海神庙的古老建筑、浴日亭的无限风光让诗人留下了不少诗篇。《南海神祠》就是其中的一首。

> 茫茫百粤间，众水归扶胥。
> 下汇波罗江，日月相灌输。
> 峨嵯两虎门，卫此阳侯居。
> 神宫压沧溟，潮汐在阶除。
> 我驾万斛舟，乘风但斯须。
> 飞廉送旌旄，龙伯为前驱。
> 百灵何蜿蜒，穿龟与长鱼。
> 将命肃牲醴，来格神所愉。
> 振衣浴日亭，遥想三足乌。
> 咫尺蹑樊桐，览彼天帝都。

这首诗运用神话典故写景观之妙。南海神庙面对波罗江，波罗江由众水汇集而成，水势汹涌，浩浩荡荡。诗中先描写了南海神庙附近

的地理环境以及"神功压沧溟，潮汐在阶除"的神灵功德。在百粤众水间，波涛日夜灌输，又有大小虎山海中相望，形成虎头门之险，捍卫着南海神庙。接着描述海上狂风、烟雾迷茫、众鱼踊跃的壮观场面，以神话景物的簇拥衬托出南海神的神威。还将前来祭祀的原由和祈愿一一道出"将命肃牲醴，来格神所愉"。另一首《登浴日亭》则描写了浴日亭前水天一色，"一望穷廖廓，真看小洞庭"的优美风景。

乘槎兴不尽，直欲帆南溟，
夕次扶胥口，朝登浴日亭，
岛夷分破碎，天水倒空青，
一望穷寥廓，真看小洞庭。

王士禛完成钦差使命之后，一身轻松，在广州广交文友，饮酒赋诗，不少粤中名流因他而留下了唱和之作。朱彝尊的《送少詹王先生士正代祀南海兼怀梁孝廉佩兰及南国诸社友》、查慎行的《送少詹王阮亭先生祭告南海》、姜宸英的《送王少詹使祀南海序》和《书王少詹使祀南海神序跋》、叶燮的《送王阮亭宫詹祭海还朝》、陈恭尹《扶胥歌送王阮亭宫詹祭告南海，事竣还都，兼呈徐健庵、彭羡门、王黄眉、朱竹垞诸公》等诗作都是送别王士禛的文人唱和之作。

王士禛的到来，使岭南文坛热闹起来。他邀请岭南文人畅游名胜、交流思想，对岭南诗坛的繁荣与发展起到了积极的作用。为了更好地反映广州风貌，他专门写了《广州竹枝词》。他认为竹枝词这种形式更适合于歌咏风土人情。之前许多诗人认为竹枝词难登大雅之堂，而作为诗坛盟主又是奉使南来的钦差大臣的王士禛所写的《广州竹枝词》，生动活泼，韵味十足，南国风光与情调展现无遗。从此，岭南诗人写竹枝词的渐渐多了起来。

关于此次南下祭祀南海神之行，王士禛历数于其著作《居易录》卷五中。其言："梅岭、韶石、大庙、浈阳、中宿、羚羊诸峡、龙头影、弹子矶、观音岩、越秀、白云、西樵、七星岩诸山，皆与粤中故人陈恭尹元孝、屈大均翁山辈赋诗，独不及登罗浮、啖新荔，为两恨事耳。"王士禛对岭南的一片热忱，溢于笔端。他关于岭南的诗作，是留给我们的一笔丰富的文化遗产。

6. 翁方纲倾心"南方碑林"

南海神庙除了著名的韩愈碑，还有一碑也声名显赫，它就是前文介绍的《大宋新修南海广利王庙碑》。此碑记述了北宋收复南汉之后，派遣朝廷重臣修复南海神庙，重视对外贸易的情况，是一方很有历史价值的名碑。到了清乾隆三十一年（1766 年）三月，一位大名鼎鼎的学者顶风冒雨来到南海神庙，拜祭南海神之后，仔细观摩古碑。在这方《大宋新修南海广利王庙碑》背面留下了题记"乾隆丙戌九月大兴翁方纲谒祠观碑辛卯三月大风雨中复来题记"。五年后的三月，又是这位学者再一次冒着风雨来到南海神庙观摩古碑。即使外面风雨交加，也无法干扰这位学者专心致志地研读一方方碑刻，丰富的碑刻使他流连再三，不忍离去，于是赋诗以载，此次在浴日亭上的明代陈献章诗碑上留下了题记"乾隆辛卯三月大兴翁方纲风雨中来摩挲碑刻赋诗而去"。这位对南海神庙碑刻如痴如醉的大学者，就是清代著名的金石家、广东学政翁方纲。

翁方纲（1733—1818 年），清书法家、文学家、金石学家，字正三，号覃溪，晚号苏斋，直隶大兴（今属北京）人，官至内阁学士。精鉴赏，经他考证题跋的著名碑帖颇多。书学欧阳询、虞世南，谨守法度，并能隶书。与同时的刘墉、梁同书、王文治齐名。他博学广闻，能文善诗，论诗创肌理说。尤长于考证金石。阮元在《广东通志·宦迹》中说他"素喜金石碑刻，纂《两汉金石记》，为世所称"。著有《两汉金石记》、《汉石经残字考》、《焦山鼎铭考》、《苏米斋兰亭考》、《复初斋文集》、《复初斋诗集》、《石洲诗话》。

翁方纲像

《粤东金石略》书影

翁方纲担任的官职，都是掌管文化教育之事。清乾隆二十九年（1764年），他担任广东学政，在广州的时间长达八年之久，广东学政使署位于现今西湖路南方剧院一带。由于他好金石，精书法，在广州期间，不避风雨，踏遍了广东各地，北自梅岭，南至琼州，东及潮梅，西抵肇庆，无不留下他的足迹。他抄写、摩拓金石碑铭多达五百余种，汇集成《粤东金石略》，这是他在广东研究金石的结晶。书中对南海神庙的碑石记载颇丰，可见他为南海神庙付出了多少日日夜夜，为研究南海神庙留下了难得的史料。据《粤东金石略》记载，当时庙内共有自唐至清的碑石八十五方，而二百年后的今天，仅仅保存着五十方，不及当年的三分之二。《粤东金石略》如今更显珍贵。这是翁方纲对广东文化事业的一大贡献，永不磨灭。

（三）近代名人

1. 林则徐为销烟祭告南海神

虎门销烟在中国历史上影响深远，其核心人物林则徐因此而名垂千古。你一定不曾想到，就是这位赫赫有名的民族英雄，也曾与南海神庙有过一段渊源。

林则徐（1785—1850年），字元抚，又字少穆，晚号俟村老人，侯官县（今福建福州）人，清嘉庆十六年（1811年）进士。1838年末，严寒的京城接待了从来不事声张的林则徐。他那悄悄的脚步声是鲜为人知的，却预示着中国历史走到了转折的前夜。一场狂涛巨澜，在静谧中即将铺天盖地而来。

林则徐像

英国等鸦片烟商，向中国大量走私贩卖鸦片，使中国国穷民弱。为消除流毒，林则徐力主禁烟。道光帝命他为钦差大臣，以"兵部尚书"的头衔，前往广州禁烟。林则徐担此重任，他深知此行任务的艰巨和前途的凶险。第一，皇上至高无上，可以翻手为云，覆手为雨；可以朝令夕改，变幻莫测；今天可为爱卿，明日可成囚徒。一纸圣谕，生杀予夺。林则徐不可能不预想到这一点。第二，巨额利润直接导致

鸦片走私者疯狂。鸦片走私攫获的白银占当时英国国家年度总收入的六分之一，所以他们绝不可能善罢甘休。林则徐此时对西方世界虽不甚了解，但外夷船坚炮利他是清楚的。第三，林则徐为官多年，对中国官吏的腐败与顽劣，是深知底细的。对鸦片之患，林则徐必欲除之而后安，贪官污吏们必欲兴之而后得，两者没有调和的余地。林则徐虽身为钦差大臣，且才干卓越，正气凛然，但强龙难压地头蛇。第四，长期养痈遗患，吸食鸦片者数以百万，他们在生理上烟瘾难除，发作起来便不顾一切，这也是一个巨大的禁烟阻力。

这都给林则徐出了天大的难题，而且随时都有发生凶险和意外的可能。但是，尽管这些或者已经发生，或者即将发生的种种阻力和破坏，都没能阻拦林则徐南行执行他的庄严使命，也没有动摇他禁绝鸦片的决心。他在临行时辞别工部左侍郎沈维矫时表示："死生，命也；成败，天也。苟利社稷，敢不竭股肱以为门墙辱?"表现了置生死于不顾的凛然气概。以后他在致友人信时也追述道："戊冬在京被命，原知此役乃蹈汤火，而固辞不获，只得贸然而来，早已置祸福荣辱于度外。"

1839 年 3 月 10 日林则徐到达广州，成千上万的人挤满了珠江两岸，人人争睹钦差的风采。整个广州都在等待和倾听钦差大臣的声音，林则徐的回答是第二天在辕门外贴出的两张告示。《收呈示稿》宣明钦差大臣到广州的目的是查办海口事件。另一个《关防示稿》无异于钦差大臣此行的第一个宣言，是采取禁烟行动的先声。这个告示是林则徐作为钦差大臣向广州官员、百姓和外国人的首次公开亮相，它不仅再次以清廉告白天下，而且是为了驾驭极其复杂的局面。据林则徐的日记记载，他当天就住在广州城内的越华书院，以方便了解民情。

他宣告："若鸦片一日不绝，本大臣一日不回，誓与此事相始终，断无中止之理。"无论有多大的困难，林则徐都要干到底。为销毁鸦片，顺应民心。林则徐于 5 月 19 日写了一篇祭海神文，6 月 1 日晨亲自前往南海神庙向南海神祷告，希望销烟能够顺利。回寓后写下日记："四月二十日（农历）乙酉，早晨祭告海神，以日内消化鸦片，放出大洋，令水族先期暂徙，以避其毒也。"英商义律等慑于林则徐的正气，被迫缴出鸦片 2 万多箱。6 月 3 日开始在虎门海滩当众销毁，当日共销化烟土 170 箱。在 6 月至 12 月间，林则徐多次到南海神庙进

香、祷告，祈求南海神保佑人民安康。也许，林则徐为了人民的安康、国家的兴旺，即使不迷信也为求得一个心理上的安慰吧。

林则徐不仅在虎门销烟，而且于7月18日、19日、8月13日先后三次在广州靖海门外东炮台前，用砌灶架铁锡的办法销化烟土，仅8月13日这一天就销化了约2万余斤烟土。

林则徐禁烟成为鸦片战争的导火线。鸦片战争初期，由于林则徐、关天培早有准备，严阵以待，所以九龙之战、穿鼻之战、官涌之战，英军均未获胜。正因为侵略者在林则徐坐镇的广东不能取胜，才转而北上。由于浙江防务空虚，定海失陷，侵略者直逼大沽口，威胁到了京城皇帝的宝座。道光帝于1840年10月3日以"误国病民，办理不善"的罪名，将林则徐革职查办。1841年5月初，又令林则徐以四品卿衔去浙江随营效力。不久，道光帝把广东方面的军事失败归罪为林则徐"废弛营务"，下令将其革去四品卿衔，遣戍伊犁。林则徐虎门销烟，抗英有功，却遭投降派诬陷，被道光帝革职流放。

林则徐虎门销烟的壮举和对英国侵略者的坚决抵抗，辉炳千古，光照万代！南海神庙作为一个国家祭祀南海神的场所和民间祭拜的庙宇，见证了中国近代史上光辉的一页，也见证了林则徐为中华民族所作出的赫赫功绩。

2. 张之洞与南海神庙

张之洞是中国近代史上一位声名显赫的洋务派代表人物，是清朝晚期一位很有影响的封疆大吏，同时也是近代文化思想领域里的一位大家。

张之洞，祖籍直隶南皮（今属河北）。1837年出生于贵州兴义府。字孝达，号香涛，他博闻强识，才华出众。其少年时所做《半山亭记》，名噪一时。同治二年（1863年）考中进士。曾任翰林院编修、教习、侍读、侍讲学士、内阁学士等职。光绪八年（1882年）任山西巡抚。此后政治上为之一变，从事洋务活动，成为后期洋务派的主要代表人物。1884

张之洞像

年中法战争时，升调两广总督，由北方来到南方，指挥抗法战争，起用冯子材击败法军。又设广东水陆师学堂，筹办官办新式企业，设立枪炮厂，开矿务局等。1889年调湖广总督后，开办汉阳铁厂、湖北枪炮厂，设立织布、纺纱、缫丝、制麻四局，创办自强学堂，并筹办芦汉铁路。1894年代刘坤一为两江总督，曾编练江南自强军。1898年发表《劝学篇》，提出"旧学为体，新学为用"，以维护封建伦理纲常，反对戊戌变法。1900年义和团运动时，在帝国主义策划下，与两江总督刘坤一倡议东南互保，镇压两湖反洋教斗争和唐才常自立军起事。1907年调任军机大臣，兼管学部事务。1909年去世，享年73岁。有《张文襄公全集》留世。

张之洞作为清末洋务派的头目之一，在担任两广总督期间，凡事亲力亲为，对广州的文化和海防颇有建树，对后世有很大的影响。例如其创办的著名的广雅书院，至今为人所乐道。

一次，张之洞带领一班人马视察黄埔附近的兵营，了解防卫建设情况，在繁忙的军政事务之余，他兴致勃勃带着文武随从到南海神庙游览，刚到头门时，被醒目的门联所吸引，此联为增城才子林子觉所撰，其联云：

白浪起时浪花拍天山骨折呼吸雷风
黑云过后云芽拂渚海怀开吐吞星月

这副对联形象地描写了南海神庙前狮子洋波涛澎湃、雄奇壮阔的海面以及周围群山环抱的景象：白天时，大浪滔天，海浪要升到天上似的，把山都要折断了，海浪之声好像雷电呼吸一般；黑夜时分，则异常安静，云芽拂水，平静安灵，海边的星月也仿佛是大海吞吐而出。可以说，南海神庙白天和夜晚的景象都被此联概括尽了，似乎一分都不能多，一分也不能少，十分有气势，让不少文人雅士赞叹不

南海神庙头门的对联

已。也有不少人跃跃欲试，希望能够超越此联，但都没有成功。

张之洞在对联前反复观赏，觉得很有气势，不由得赞叹一番，又认为其句法结构及少数关键词的韵脚不合联语定式，内容描写的只是自然现象，写的都是眼前之景，没有涉及人文方面的内容，难以让人抒发思古之幽情，因此也评头品足一番。此时，不知哪位同僚提议，张之洞学贯古今，在山西任职时留下了不少被人传颂的名联，何不乘兴为南海神庙重拟一联，以取代林子觉的那副对联。张之洞正好也雅兴大发，望了望庙内外的环境，很快有了灵感，提笔拟了一联，拟完后又感觉不妥，连拟两次仍感觉没有将海上风云变幻和黄木湾雄奇壮丽的气势融入联中，境界难以超越林子觉的对联。当时围观的同僚和老爷大人们给张之洞圆了场，赞扬一番后就前往参拜南海神了。

临走时，张之洞再次欣赏了林子觉的对联，心里更觉得自己所撰的对联略逊一筹，难以达到此种境界，叮嘱庙里的工作人员，林子觉的对联万万不可换下，自己不过是即兴而作。可惜时过境迁，张之洞写的两联都没有留下，他到底写了什么，至今无人知晓。现在南海神庙头门前悬挂的仍然是林子觉所撰的那副气势恢宏的对联。

3. 孙中山游波罗庙

广州是孙中山的革命根据地。在这座古老的城市，他不但是个革命家，进行过许多的革命活动；也是个普通人，有许多有趣的生活故事。

孙中山想建立一所培养革命军事干部学校的愿望已有很久了。他通过总结辛亥革命以来的失败教训，深深感到依靠军阀的武装是不可能取得中国革命胜利的；同时，列宁领导革命军队取得十月革命胜利的经验也使他得到很大启发。1921年12月，共产国际代表马林在广西桂林会见孙中山。马林向孙中山提出"创办军官学校，建立革命军"的建议。孙中山欣然接受了这个建议。1922年6月陈炯明叛变革命后，孙中山更是坚定了建立军校和革命军队的决心。他回到上海就多次与李大钊、林伯渠、陈独秀等共产党领导人商谈，与苏联代表越飞会谈，要求中国共产党和列宁派人帮助。

黄埔长洲岛位于广州市中心东南约40公里处，是一座山峦起伏、树木丛生、四面环水、方圆11.5平方公里的美丽小岛，岛上筑有炮台多处，隔江与鱼珠、沙路炮台并峙，构成自古以来长洲军事要塞，是

由海上和虎门进入广州的第二道门户。清朝末年，在这里还创办了广东陆军学校和广东海军学校。所以孙中山亲自勘定黄埔长洲岛做校址，把建校工作抓得很紧。孙中山多次与中国共产党人李大钊、林伯渠等人进行会谈，讨论两党合作共同革命的问题和如何建立革命军队的问题。由于黄埔长洲岛距离黄埔庙头村的南海神庙不远，加之无论是南海神庙优美的自然风光，还是南海神远扬的威名，在当地都有一定的知名度，于是在筹备黄埔军校期间，孙中山抽空像普通百姓一样，来到南海神庙拜祭、游览。

1923年5月26日下午1时许，广州黄埔附近的扶胥镇黄木湾江面上，"江固"号军舰在南海神庙前抛锚，孙中山及其夫人宋庆龄和随行人员许崇智、程潜、李烈钧、杨仙逸、杨虎、马伯麟等以及在航空局工作的外国朋友，还有厨师区玉、侍卫队等一行几十人，在视察了长洲炮台后，又专程乘舰慕名来南海神庙参观游览。

孙中山要来南海神庙参观游览的消息传开了，在"海不扬波"石牌坊前，欢迎的人群早已挤得密密麻麻，大家都想亲睹这位革命家的风采。是日天气炎热，孙中山不顾舟车劳顿和暑热天气，兴致勃勃地游览了古庙。有关人员告诉孙中山，南海神庙建于隋开皇年间。自隋唐以来，香火鼎盛，享誉四海，成为岭南地区一大坛庙，庙内还保存了许多历代帝王

孙中山与随从参观南海神庙

祭南海神的碑刻。孙中山颇有兴趣地观赏了碑刻，还特别仔细地观摩了唐韩愈碑、明洪武碑和清康熙"万里波澄"碑。

孙中山的随行人员问起南海神庙为什么又称为波罗庙？有关人员回答说，因庙内供奉着一个"番鬼望波罗"的神像。据说，此神原是一个海员，来自遥远的波罗国。他乘海船来广州，依例到庙中祭祀南海神，并携带了两棵波罗树植于庙中，后因他贪恋庙中的景色，误了

返程的海船，于是望江悲泣，并举左手于额前作望海状，希望海船回来载他，后来立化在海边。当地村民将其厚葬，并按其生前左手举额作望海船状，塑像祀于南海神庙中，还给他穿上中国官员的衣冠，封为达奚司空。由于他是波罗国人，又在庙中植下波罗树，还天天盼波罗国船回来载他返国，所以村民称此塑像为"番鬼望波罗"，神庙也因此被称为"波罗庙"了。孙中山及其随行人员对"番鬼望波罗"的故事很感兴趣，来到"番鬼望波罗"塑像前，注目良久，表达了他对这位海外使者的敬意。

接着孙中山还参观了南海神庙大殿。并仔细观看了庙中保存的一大一小的铜鼓、明代玉制南海神印及明代大铁钟等文物。孙中山还参观了南海神夫人神殿昭灵宫和浴日亭等。根据随行人员的提议，孙中山等人还在南海神庙大殿前合影留念，为南海神庙留下了珍贵的历史一刻。

时隔一年，孙中山在苏联和中国共产党的帮助下，克服了种种困难，在广州黄埔长洲岛上创办了中国现代史上第一所培养革命军队干部的军事学校——中国国民党陆军军官学校（简称黄埔军校）。而今，南海神庙和黄埔军校这两处历史名胜，隔着黄埔港一南一北屹立于黄埔大地，成为两颗耀眼的明珠，熠熠生辉。

南海神庙与波罗诞

七、粤海遗风

——南海神庙千年庙会

（一）波罗鸡传说

南海神庙亦名波罗庙，民间祭祀的兴旺产生了一个古老的民间盛会——波罗诞。波罗诞与波罗鸡密不可分。庙会期间，沿街通往庙里的道路两旁有上千个出售各种各样工艺品的小摊档。其中最惹人注目的工艺品要数波罗鸡了，几乎前来参拜者都要买上一两只留作纪念。这种鸡是用硬纸皮粘上鸡毛制成的，涂上色彩，像真鸡一样。粤语说人吝啬，有波罗鸡——靠黐（占便宜的意思）之说，即起源于此。

关于波罗鸡的起源，有各种传说。一种认为与"番鬼望波罗"有关。据说，当村民发现那位来自波罗国的番鬼立化在海边时，刚好有鸡鸣，于是就认为他是鸡神，因此做波罗鸡来纪念他。也有人认为波罗鸡的起源是祭祀南海神祝融。因祝融原是火神，是光明的象征，祝融含"继续给人光明的意思"。鸡啼，就是要请太阳升起来，故波罗鸡含有光明之意。

波罗庙会上的波罗鸡

还有一种说法为波罗庙有一个大铜鼓，上面原来有六只鸡，但不知何年何月飞走了，仅剩下鸡爪的痕迹，人们认为鸡升天变为凤是祥

瑞之兆，于是用纸皮等仿制出一种纪念品——波罗鸡。

庙头村还有一个传说：从前，波罗庙附近的村子里有一位姓张的老太婆，老人家无儿无女，孤苦伶仃，家中只有一只大公鸡与之相依为命。大公鸡羽毛金黄，赤面朱冠，尾巴艳丽而硕大，体格健壮，啼声嘹亮，五更时分，啼叫声可达村外，因而远近闻名。老妇人当然视之为命，对大公鸡亲近有加。每当老妇人从外回家，大公鸡总是扑扇着一对大翅膀，引吭高歌，欢迎主人的归来。

村中住着一位大财主，有钱有势，平时酷爱斗鸡，早已对这只大公鸡垂涎三尺。他开出高价要买老妇人的公鸡，打算拿去村外斗鸡，以显摆自己的威风。可是老妇人不为所动，为了雄鸡宁愿舍弃钱财，始终不肯答应财主的要求。财主得不到老妇人的雄鸡不肯善罢甘休。他终于找到了机会。一天，他趁老妇人去田间劳动之机，派人到老妇人家里偷走了那只雄鸡。奇怪的是，那只鸡自从到了财主家，就再也没有啼叫，整天病怏怏地耷拉着脑袋。雄鸡没有给财主带来他所希望的威风，一气之下，命令把鸡杀掉，做了一顿美味吃了，拔下的鸡毛随之丢到村边的垃圾堆了。

老妇人得知雄鸡的下场，伤心欲绝，含着眼泪来到垃圾堆，把公鸡的毛一片一片仔仔细细地捡了回家。没有了公鸡，老人家像失去了魂似的，她看着鸡毛，好像又看到了公鸡。于是，她把鸡毛洗净晾干，又到附近的铜鼓山下挖回一些白泥土，塑成鸡身的形状，表面以硬纸做鸡皮，再把晒干的鸡毛一一粘在表面，用笔画上眼睛，如此一来，一只栩栩如生的鸡呈现在眼前。老妇人仿佛又看到了那只鸡，高兴极了，于是一连做了好多只。很快到了波罗诞庙会，老人家就把她做的鸡拿到庙会去卖，大家都叫它波罗鸡，很快就卖完了。村中的姐妹看到波罗鸡很受欢迎，都纷纷学做波罗鸡，在波罗诞期间叫卖。于是波罗鸡成了波罗诞期间祭拜者喜欢买的吉祥物。

那波罗鸡是怎么制作的呢？其实制作过程并不复杂，分为毛鸡和光鸡（身上无毛）两种，规格大小按鸡模用泥多少来分，可分为30斤、10斤、3斤、0.5斤、0.25斤。价格各异，30斤的波罗鸡高一米左右，要几十元一只，0.25斤的却小如雏鸡，只要几元钱一只而已。庙头村的村民几乎家家户户都会制造这种工艺品，每年波罗庙会期间卖出的波罗鸡总数在十万只以上。当地人为了促进波罗鸡的销路，很

早就流行一种传说：在每年出售的十万只波罗鸡中，有一只是会啼的，谁要是买了它，谁就会鸿运当头，发财富贵。南海神还会保佑他吉祥长寿等。不过，自 20 世纪 80 年代恢复波罗庙会以来，笔者年年都参加庙会，还未听说有人因买到了会啼的波罗鸡而发家致富的，倒是这些制作波罗鸡的庙头村的村民富了起来。过去住的低矮房屋已逐渐为漂亮的小洋楼所代替，改革开放使这些村民一天天富了起来，或许其中波罗鸡每年亦给他们带来了一笔不小的财富吧。

（二）古代波罗庙会

南海神诞亦称波罗诞，在每年的农历二月十一至十三日，其中二月十三日为正诞。每逢神诞，也就是广州地区民间传统的波罗庙会，珠江三角洲一带村民和善男信女便结伴从四面八方到南海神庙来逛庙会。由于广大民众的参与，使得本来庄严肃穆之地增添了许多欢庆、喧闹的气氛，南海神与民众之间的距离一下子拉近了。人们一则祈求海神保佑国泰民安，风调雨顺；二则观赏古羊城八景之一的"波罗浴日"之秀色；三则买几只波罗鸡，以求好运。据当地流行的俗语："第一游波罗，第二娶老婆"。把游波罗庙与人生大事娶老婆相提并论，可见村民对神诞的重视。

波罗庙会起源于何时，今已难于考证。有人认为波罗庙会始源于洪武三年（1370 年）封南海神之时，至今至少延续了六百多年，但这一说法并不准确。

早在南宋，诗人刘克庄（1187—1269 年）的《即事》诗中，就描述了波罗庙会的盛况：

其一

香火万家市，烟花二月时。

居人空巷出，去赛海神祠。

其二

东庙小儿队，南风大贾舟。

不知今广市，何似古扬州。

刘克庄诗中描写的，就是农历二月在广州东庙（即南海神庙）举

行波罗庙会时的热闹景象。另一位南宋著名诗人杨万里也有一首谒南海神庙诗，诗名即为《二月十三日谒西庙早起》，诗中描写了在农历二月十三日，为了谒南海神庙，诗人杨万里一大早便洗面焚香，吃罢早粥天还未亮。可见当时已定下二月十三为南海神的诞辰了。因此证明，波罗庙会早在南宋已呈规模，起始年代将会更早一些。

清代，虽然南海神庙已远离江边，但每年的波罗庙会丝毫不受影响。每年农历二月十三日，"祝融生日，粤人击之以乐神。其声□□铿□，若行雷隐隐，闻于扶胥江岸二十余里。近则声小，远乃声大"（屈大均：《广东新语》）。庙会期间，波罗江两岸铜鼓声不绝于耳，热闹空前。

清嘉庆年间人崔弼撰《波罗外纪》，十分生动地记述了清代波罗庙会的热闹情景：

> 波罗庙每岁二月初旬，远近环集如市，楼船花艇，小舟大舸，连泊十余里，有不得就岸者，架长篙接木板作桥，越数十重船以渡，其船尾必竖进香灯笼，入夜明烛万艘与江波辉映，管弦呕哑，嘈杂竟十余夕。连声爆竹，起火通宵，登舻而望，真天宫海市不是过矣。至十三日，海神诞期，谒神者……络绎庙门填塞不能入庙……凡省会、佛山之所有日用器物玩好、闺阁之饰、儿童之乐，万货聚萃，陈列炫售，照耀人目……糊纸作鸡涂以金翠或为青鸾彩凤，大小不一，谓之波罗鸡。凡谒神者游览者必买符及鸡以归，馈遗邻里，谓鸡比符尤灵。

这段记载，非常生动地记录了清代波罗庙会的盛景，江上岸边，船只首尾相连，昼夜人声鼎沸，远近百里的乡民，纷纷前来祭祀南海神，庙内庙外，车水马龙，游人如织，正诞之前已是热闹非常，正诞之日更是极盛，极富民间情趣。

"粤俗最喜赛神迎会，凡遇神诞则举国若狂"（吴镇方：《岭南杂记》）。清

波罗鸡摊档前挤满了游人

124

代时拜神者带着各种祭品三更时分就已挤得庙门堵塞，难以入内。庙内更是无所不有，卖香的、卖符的……一应俱全，人头攒动，男女老少，僧、道、巫、乞丐都来参会。"庙前为梨园剧一棚。近庙十八乡各奉六侯为卤薄，葳蕤装童男女，作万花舆之戏。自鹿步、墩头、芳园，皆延名优，费数百金以乐神"。看来庙会期间不惜花费重金，搭台唱戏，娱神娱民，庙会更加热烈欢快了。

庙会上摆卖的物品琳琅满目，而"糊纸作鸡，涂以金翠，或为青鸾彩凤，大小不一"的波罗鸡最为醒目，最受众人的欢迎。正是因为波罗鸡有着灵异的传说，所以人们才会如此钟情它，买上一两只回家，或馈赠邻里，或留给自己，以求好运降临。

民国时期，波罗庙会最具特色的活动就是每五年一届的"大会景"了。每三个村供奉一个神像，各自准备仪仗队，在正诞之日抬着神像，逐村逐乡"鉴贡"，各村都搭建"贡棚"，早早准备好饭菜，以祭祀神像，巡游完毕，最后浩浩荡荡到南海神庙为南海神祝寿祭拜。附近村民纷纷加入到这一节日中来，在家蒸糕裹粽，或敬神，或赠送亲友，不亦乐乎。

（三）现代波罗庙会

由于南海神庙一直存在，波罗庙会一直沿袭到20世纪50年代初期，后来，由于古庙年久失修，变为特级危房，又受到一些极"左"思潮冲击，千年庙会被一些人指责为迷信活动，于是被迫中断了多年。

从20世纪80年代起，广州市文物部门接管南海神庙，并逐年拨款重修，使千年古庙再现雄姿，中断了多年的民间庙会也得以恢复。20世纪90年代，每年的庙会期间，都有十余万人次前来参观游览。每年的正诞那天，刚过午夜零时，附近一些村民就前来神庙祭拜，烧头炷香的村民，燃放鞭炮，打破了古庙的沉

著名的文物专家耿宝昌（右一）参观南海神庙

125

静。到了早上8时许，黄埔庙头村附近的广深路上，车水马龙，来自东莞、增城、中山、佛山和广州等地的游客已将古庙东西两边的道路挤得水泄不通，宏伟深广的古庙庭院竟人满为患。临时摊档从庙外道路两边一直摆到广深公路旁，庙内西边一角亦摆有二三百个摊档。上千小摊档出售各种各样的工艺品，但是庙会上最惹人注目的仍是波罗鸡，几乎前来参观者都要买上一两只作留念。当然，拜神是逛庙会的一大要事，近几十年由于禁止燃放鞭炮、烟花，香火成了逛庙会拜神必不可少的物品，只见庙内外烟雾缭绕，专门摆放香火的地方更是让人眼泪直流，可见诞期香火之盛。

2005年开始，广州市文化局与黄埔区政府一起借波罗诞庙会打造广州民俗文化节。当年成功举办了首届广州民俗文化节暨千年庙会"波罗诞"盛大活动，恢复了"万众同欢"的文艺巡游表演。诞期三天，人数达到30万人次。之后每年继续举办广州市民俗文化节暨千年庙会"波罗诞"活动，使这一民间盛会焕发了生机。

2010年的广州民俗文化节暨黄埔"波罗诞"庙会为期7天，与以往不同的是，传统节目穿上"新衣"，特别增添了亚运元素和增设非物质文化遗产项目表演助兴。

本届庙会以"扶胥古港，千年庙会"为主题，重点打造开幕式、"大型仿古祭海仪式表演"、"五子朝王"、"花朝节之拜花仪式"、第二届中国古代服饰创新设计大赛决赛暨闭幕晚会等五大活动。民俗盛典与现代元素相结合，惊艳不已。

仿古祭海仪式表演自从2006年迎接瑞典国王一行及欢送"哥德堡Ⅲ"号活动中首次推出后，以独具中国岭南文化特色的表演形式受到广大观众的欢迎。仿古祭海仪式表演以南海神庙周边地区乡民代表为祭祀主体，以莲花灯、波罗鸡等民俗方阵为烘托，以人龙参拜、交替唱颂为亮点，融合了广东特色吹打乐的精华，再现了清朝民间祭海盛况，热烈祥和，寓意深远。传达虔诚祈福之音，营造天地和谐之境，彰显了广州岭南民俗文化的独特魅力。2009年对大型仿古祭海仪式表演形式进行了调整，演员阵容更强大，民俗风格更突出。2010年，对气势宏大的仿古祭海仪式进行了创新，音乐重新编排，增加了24面幡旗和一条人龙队伍，场面更加壮阔。"五子朝王"活动，增加了灯笼队和八音队，巡游场面更加壮观热烈。

对中断近百年、2008年才恢复的花朝节活动，中国古代服饰创新设计大赛仍是花朝节的重点活动之一，今年更加注重挖掘"花朝节"的文化内涵，今年以"丝路花雨（岭南）、始祖华服（秦）、黼黻禅衣（汉）、盛世霓裳（唐）、清风雅韵（宋）、鎏金溢彩（元）、锦绣绫罗（明）、煌煌旗装（清）"为设计主题，在大赛中融入南海神庙的历史文化元素，对中国古代历朝服饰进行创新设计和制作，体现"盛世中国，多彩岭南"的文化内涵。

本届文化节增加了世界级和国家级非物质文化遗产名录项目专场表演，如讴歌"天人合一"理念的贵州侗族大歌，广东湛江的"人龙舞"等，首次将最原汁原味的民俗文化精华汇集在"波罗诞"这个大舞台上。广州市非物质文化遗产保护成果展35项展品首次集体亮相庙会，包括广绣、广彩、牙雕、玉雕等，与前来赛绝活的民间手工艺大师作品争相斗艳。

由亚运宝贝、亚运吉祥物、少年风车组等组合表演迎亚运节目助兴，亚运吉祥物和300名小朋友点缀今年的庙会更显热闹。南海神庙东廊，以"迎亚运"为主题的陆柳卿广绣作品展，共展出作品约15件。同时，观众也可现场体验亚运会竞赛项目，选购亚运特许商品。

开幕晚会上，百名模特演绎中国各朝代传统华服，在舞美和灯光的映衬下，演绎中华服饰之娇娆美丽。接下来还有章丘诗会、赏花品花会、动漫展览、美食广场等活动。

现在波罗诞期间，南海神庙一带也是十分热闹，人山人海，四乡云集，游人如织。庙中人声鼎沸，香烟缭绕，胜似春节。有卖最能反映民俗风情的广州传统工艺的风车、波罗鸡、大葵扇、波罗符、小狮子头。这是因为，传说风车可为游人带来好运；每年的波罗鸡中总有一只会啼，这只鸡可以为买主带来财富；大葵扇可以把主人的事业扇得风生水起；波罗符可保一家幸福安康。其他的一些玩具、食物、日用品，都不乏波罗符的身影。舞狮、杂耍、武术表演，也应有尽有。

近年来，每逢波罗诞，前往参加的市民已超过五六十万人次，人们携儿带女，呼朋唤友，兴致勃勃地"游波罗"。在长约200米的庙头村路上，一时车水马龙，水泄不通，游人都争相选购栩栩如生的波罗鸡及各式各样的民间工艺品。庙会的内容也比从前更加丰富了，例如邀请广州地区最具有代表性的民间表演队伍，其中不但有老百姓耳

熟能详的飘色、舞狮、舞龙等，还有别具地方风味的舞鲤鱼、舞牛和舞马。除此以外，还有重新整理、编排的龙舟说唱、鸡公榄以及风格各异的演出。同时，庙会期间还在南海神庙西广场准备了由全市12个区、县选送的民俗文化艺术精品节目。在庙会上，游客不仅可以欣赏到精彩的民俗表演，还有民间工艺、美食一条街，非物质文化遗产一条街，可供游人尽享游购、美食之乐；同时，还有一批诗书画名家即席挥毫、即兴赋诗。

波罗诞，已延续千年的广州海洋文化的民间盛会，蕴涵了广州最有代表性的民俗文化元素。它具备的不仅是沉甸甸的历史，也有着在这个时代让人无法忽视的光芒。它那广泛而强大的参与性与亲民性，也许是波罗诞与许多已成为非物质文化遗产的传统节日不同的地方，因之波罗诞如今正焕发出强大的生命力。

（四）珠江三角洲洪圣王诞

1. 土华村"洪圣王诞"

广州市海珠区华洲街土华村有座洪圣古庙，始建于清乾隆年间，后来经过多次修葺。传闻，土华的"洪圣王"和黄埔庙头南海神庙中供奉的"广利洪圣王"是兄弟两个。土华洪圣王排行第二，黄埔庙头洪圣王排行第三，他们还有个大哥，供奉在佛山南海。虽然这些地方的洪圣王诞或波罗诞形式上各有不同，但同出一源，都寄托了人们国泰民安的愿望。

土华村的洪圣王诞是每年农历二月初九，其历史可以上溯到明代。元末明初时，土华村逐渐形成规模，聚居人口增多，为了保佑村民平安，当时的村民请来了洪圣大王。历史上的洪圣王诞规模盛大，旧时村中河道可以直抵庙前，每当农历二月初九，都会在这里扒龙舟、搭戏棚连唱几天大戏庆祝，千人摇艇沿土华涌直出珠江放灯祭神。村民们乘船而来，登岸而拜，人山人海，比正月初一过春节还要热闹。从20世纪40年代后期开始，洪圣诞庙会停办，直到2005年，才重新修葺洪圣古庙，庙会方得以恢复。

据村里老人介绍，土华村的洪圣诞和南海神庙的波罗诞有很深的渊源，所以又有"小波罗诞"之称。由于历史久，影响大，据说珠三角一带老一辈的"讲古佬"们但凡讲到洪圣古庙，指的就是这一座。

每年在黄埔庙头南海神庙的波罗诞之前，广州土华村洪圣王诞的民间活动已拉开序幕。庙会主要分二月初八晚上的祭奠仪式和初九的洪圣王巡游活动。一大早，土华村洪圣古庙已是烟雾缭绕——不少诚心的村民一大早就赶来烧香，祈求平安。村中洪圣古庙的四壁嵌满了精工细刻的南国佳果金漆木雕，约一人高的"龙亭"停放在洪圣古庙前，庙前摆好香案，十二头金黄色的乳猪依例分给村民以示共享福祉。热闹的鞭炮声中，父老们将洪圣王的木雕圣像、行宫、圣旗等抬出，用寓意祛邪降福的黄皮叶"圣水"进行了仔细的洗理。庙门口是纷至沓来的虔诚香客。一位老人担来清水给人们洒水祈福，小波罗诞在四乡中大有名气，吸引了许多年轻人参与，甚至小学生也来感受传统民俗的热闹气氛。诞庆活动不仅有舞狮采青、抬着神像游行全村，亦即"行乡"，最后还有大开斋宴招待各方亲友这一其乐融融的盛大活动。

当然，最热闹的当属抬着洪圣大王神龛到村里各大宗族祠堂巡行，数百村民们紧随着洪圣王神龛，大旗高举，前洒"圣水"引路，后有舞狮队伍相随，一路上锣鼓喧天，还有舞狮采青助兴。每逢祠堂祖屋必进香拜祭、南狮采青。巡游结束，村民送洪圣王回庙。那喜庆热闹的场面，只有亲身体验才能充分领略到。

2. 中山沙溪祭拜洪圣王舞龙习俗

中山沙溪镇圣狮村的洪圣公殿，供奉的是一个佑护百姓平安的"村神"——洪圣王。南方属火，水崇拜是最重要的自然崇拜，供奉北帝成了粤民间普遍的风尚。圣狮、象角村并不供奉北帝，而以洪圣王替代，显然他也承担着"水神"的庇佑职能。据村民介绍，举凡村中重大事项和礼仪都在这里进行，而每年祭拜洪圣王的盛大舞龙巡游活动也是从这里出发的，体现着洪圣王无可替代的地位。

现在中山的沙溪镇圣狮村和象角村，每年四月初八，还都有大型的民间舞龙巡游活动。清朝乾隆年间出版的《香山县志》第三卷风俗篇中，就已有关于沙溪四月初八这一习俗的记载："四月八日僧家浴佛里社祭神于庙日转龙头，是日里，人奉祠，锣鼓旗帜歌唱过城市，日迎神，家以钱米施之，或装为神龙歌舞数日而里"沙溪历史上称之为隆都（谐音龙都），据了解，沙溪的舞龙习俗由来已久，最早可追溯到明代。

据说早在唐代，圣狮、象角村还是汪洋大海，尚存的蚝壳墙和

129

"古海蚀遗迹"从科学上论证了这一地理现象。据村民讲，五百年前圣狮、象角本来就是一条村，习俗相同，共同祭祀一个村神——洪圣公。村民多以捕鱼为生。明末时期的一天，村民在撒网捕鱼的时候网上来一块木雕的神像，神像底座写有"南海广利洪圣龙王"字样，村民在村中盖起了大王庙供奉这尊"南海广利洪圣龙王"神像，大王庙终年香火鼎盛。明末清初，沙溪的圣狮、象角一带发生瘟疫，很多村民都病倒了，当时缺医少药，人们将健康寄托于洪圣王，一番问卜之后，洪圣王将舞龙的意旨告之村民。于是，村民将木龙、金龙、银龙等在大王庙进行一番拜祭后，为龙点睛。然后，沿着圣狮、象角一带的大街小巷热闹挥舞，当舞龙队伍经过时，家家户户都烧爆竹迎接，村中的每个角落都充满浓浓的爆竹硫黄硝烟味，圣狮、象角一带的瘟疫就消失了，村民恢复了健康。村民认定了这是洪圣王的神灵在保佑，舞龙那天刚好是农历四月初八浴佛节这一天，从此在每年的四月初八都举行一次舞龙活动。后来，每年的四月初八还增添了舞狮、舞凤、飘色等一起巡游。

自从明末清初每年四月初八举行盛大游龙活动后，这种习俗就一直流传下来。如今，两个村依然每年都举办游龙活动，乐此不疲。当天，附近村的几千人像潮水般蜂拥而至，醒狮、金银游龙、彩凤以及飘色队伍、彩旗、鼓乐一起营造了一种庙会式的狂欢气氛，巡行队伍经过的每一条小巷和街道，都密密麻麻地挤满了兴高采烈的人群。巡游按照以往的既定仪式和路线进行。浩浩荡荡的巡游队伍从圣狮村游至象角村。下午，象角村委会广场前，在震耳欲聋的鞭炮声中，舞龙、舞狮队伍汇聚于此，村里德高望重的老者为游龙点睛，然后龙、凤、狮挥舞起来。游龙如水，鼓声如潮，巡游队伍所到之处，锣鼓喧天，群情振奋。

在巡游的队伍里，你会发现各种各样的龙：圣狮红圣殿天后庙木龙、云从堂金龙、象角关帝文昌庙木龙、象角天田堂银龙、象角银龙仔、大兴国标金龙……当地年轻的小伙子们舞龙舞狮，个个生龙活虎。在舞龙的队伍中，旁观的村民乐于穿梭龙腹，他们相信只要"过"一趟，无论祈求平安，还是希冀儿孙聪慧，所有的愿望就都能实现。由高空俯瞰，在村巷里游弋的长龙，除了舞动它的年轻小伙们，还有众多乡亲们的撑托。在村民的心目中，龙能够护卫一方的安宁。而年轻

的姑娘们也组成鲜花队巡游，天真活泼的孩子扮演飘色的色脚和色芯，被高高地固定在彩车上，孩子们穿红着绿，化装成古代的人物，演绎着牛郎织女、八仙贺寿等传统的神话和民间故事。乡民们则以艳丽的色彩渲染着热闹，一种发自内心的快乐洋溢在大家的脸上。民间的挑篮花童踩着少先队的鼓乐，潇洒的现代青少年挥舞着五颜六色的幡旗。勤劳的中年妇女为巡游队伍端茶递水，老年人也不闲着，在家煲煮凉茶和各式糖水，蒸做粉果和栾茜饼供参加巡游的人员免费享用。旅居港澳和海外的乡亲，也会不顾路途遥远，赶回家乡参加这一盛会。两个村一带充满和谐、热闹的气氛。

圣狮村和象角村的村民对四月初八民间艺术大巡游这一习俗的热衷，百年不改。2003年"非典"肆虐，社会上很多大型的聚集活动都取消了，但沙溪的这一活动依然按时进行，浓浓的硫黄将圣狮、象角村进行了一次彻底的消毒杀菌，村民个个身强体健，生活安定。如今，随着社会生活节奏的加快，已没有了通宵达旦的祭拜仪式，一天的巡游也简化为几个小时的狂欢，但它始终沉淀着一方民众的民间信仰，承载着最质朴的人文关怀，也寄托了他们对生活的美好愿望。

金龙、银龙、瑞狮、彩凤，祈的是"风调雨顺"，舞的是"国泰民安"。民众强烈的愿望被固定为一种程式的时候，自然就被赋予了神圣的、不可改变的神秘力量。盛世民俗的复兴，既是民众的宣泄和狂欢表演，也是历史仪式的重演。人们在参与和传承传统民俗中，有一种精神的归属感，这当是民俗活动为何具有不可替代的经久不衰的魅力的原因。尽管今天的中山沙溪镇已经成为世界著名的名牌休闲服装生产基地，圣狮、象角两村的农业人口已经不是很多了，整个村的经济以制衣业为主。但实现了小康的村民，其精神文化的需求自然转向祖先千百年遗留的民俗。这种发轫于农业文明时代的民俗活动，近年在珠三角地区很快恢复并蔓延开来，其规模和村民的投入甚至是空前的。

3. 香港西贡洪圣宝诞

洪圣王的神通广大，影响深远，除了广州南海神庙供奉着南海神洪圣王，广东沿海，包括香港，有不少地方都有洪圣王庙。

香港的洪圣古庙，位于香港西贡的一个恬静小岛上，虽然面积仅有约20平方米，庙内只有一尊洪圣王像和一张香案。在这水面辽阔、

131

烟波浩渺中的小岛，小小的洪圣古庙每年诞期的祭神活动，场面之壮观热闹、声势之浩大隆重，出乎一般人的想象。可见香港沿海的居民、渔民对海神洪圣王的崇敬和信赖。香港西贡洪圣宝诞诞期与广州南海神庙的波罗诞一样，以每年农历二月十三日为正诞。

到了正诞那天，岸上游人如鲫，四处洋溢着浓浓的节日气氛。水边挤满了大大小小的船只，到处都插满了彩旗，五彩缤纷，迎风招展。庙前的平地上，用竹子搭起了一个硕大的篷子，里面靠近水边搭起一个大戏台。庙门口两侧立着几个高大的花炮，随着喧闹的锣鼓声，一对彩狮在庙前欢快地嬉戏，竞相斗技。铿锵有力的锣鼓声、欢蹦乱跳的舞狮、迎风飘扬的彩旗、络绎不绝的游人、喧闹鼎沸的人声将小岛淹没在欢乐的海洋里。神诞的一项主要活动就是敬送花炮，拜祭洪圣王。每一队送花炮来敬神的，必先进庙烧香、叩头，祭祀洪圣王，祈求洪圣王保佑。从进庙祭祀直至将花炮放在岸上规定的地方，整个过程一直有人敲锣打鼓，舞狮助兴。各队送来的花炮沿着海边一字排开，多达 30 个左右，甚为壮观。每个花炮都写有各自的名称，如"永口堂"、"口惠堂"等。因此，哪队的花炮最大、最漂亮、装饰的品种最多、最有意思，一目了然。所以各队的花炮都是精心制作，希望胜人一筹。这些花炮高 4 米左右，缀满了各种寓意天下太平、风调雨顺、兴旺发达、富贵吉祥或辟邪的饰件、物品，琳琅满目，其中有各式花灯、龙凤、帆船、游鱼、动物、花草、人物或正在唱大戏的舞台造型，还有新鲜的生菜、生姜、鸡蛋、柚叶、柏枝等。

下午，洪圣宝诞活动进入高潮——抽花炮。时间未到，洪圣古庙前方的大戏台前已座无虚席，周围还密密麻麻地挤站着好几重人，大家都翘首以待，期望能抽到花炮，来年有好运。戏台上灯光明亮，中间坐着西贡行政长官、警官、议员等名流，台前摆着一个装满抽奖券的透明票箱。抽花炮开始，由主持人先把票箱内的票上下左右搅拌一番，然后请台上的名流逐一抽出奖券，花炮依次被抽完后，抽中花炮的，便可将花炮抬走，明年再制作一个花炮来还神。据说，以前不是这样抽花炮的，是抢花炮，那时的花炮就是可点火燃放的鞭炮，抢得越多运气越好。由于在抢花炮时人们容易出现互相碰撞、推搡、踩压现象，不利于团结又有危险，所以抢花炮便逐渐改变为现在的抽花炮。抽到花炮抬走时，也像送来花炮时一样隆重，舞动的醒狮在锣鼓声的

伴奏下，对着花炮打躬作揖，一拜再拜，又围着花炮欢天喜地蹦跳一番，然后才由几个大汉将花炮仰天抬起，在锣鼓声、狮子挥舞和人们的伴送下放到洪圣古庙前，再次拜谢洪圣王的恩赐，最后才抬走。

最后是唱大戏。请来的粤剧老倌、花旦名伶，在庙前临时搭成的大戏台上，粤剧、粤曲轮番上演，台下观众满座，兴致勃勃，看戏听曲，乐在其中。这戏台虽是临时搭起，但台上灯光灿烂，台景配合不同的戏剧随时变换，戏台布景效果很好，如在大戏院中的戏台一样，剧团也是一流的，唱做念打，表演水平都挺不错。据说，这戏在诞期唱足三天三夜，好戏连台，甚是热闹。

香港洪圣宝诞，较多地保留了民间祭祀洪圣王的习俗。整个过程井然有序，是以宗族或团体为单位参与的群体活动，在传统的习俗活动中体现了一种集体团结和有序竞争的良好精神。

七 粤海遗风

八、探颐寻古

——南海神庙考古发现

（一）唐代码头

1973 年，在南海神庙西侧鱼塘中，发现了一批枕木。这批枕木两侧为桩木支持，排成直行，每条长 2 米多，延伸 20 米以上。1978 年这批枕木经北京大学历史系碳化实验室对样本进行年代测定，结果为距测定时 1110±80 年，当为晚唐遗物。出土地点名为码头园，专家根据枕木的形状、结构、年代以及所在地"码头园"之名，推断此处为唐代码头遗址。这表明唐代海岸线就在这里。后于 1984 年又在此地发现了唐代陶制壁饰一批，属于唐代浴日亭附近建筑构件。

（二）明清码头

南海神庙自隋开皇年间建立以来，一千四百多年里历经唐、五代、宋、元、明、清、民国各朝各代的不断维修和重建，至今依然保存完好，接受八方来客。作为我国海上丝绸之路起点和重要的对外贸易港口，广州唐宋时期扶胥港在我国海外贸易和对外交通方面有着极为重

文物专家在南海神庙考古工地考察

要的地位。如果能在附近发现古码头和相关遗址，对南海神庙来说意义将是极为深远的。为了更好地保护南海神庙，恢复其周边的历史风貌。2005年广州市委、市政府以及黄埔区委、区政府对南海神庙周围环境进行大规模整治。在此过程中，果然发现了明清码头和道路遗址等。如今，庙前的明清码头遗址和庙西南的明代码头以及官道遗址在原址保护和对外展示。庙前的码头遗址纳入了广场的景区规划中，成为下沉式水景。其他遗址已做回填保护，未来亦可重见天日。如此重要的考古发现，以遗迹和遗物这些直观的东西给人们展示出过去的南海神庙盛况，无疑极大地丰富了南海神庙的历史文化内涵。

1. 明代码头

明代码头发现于浴日亭所在小山丘的南面。全长125米，由官道、小桥、接官亭和埠头组成，从山脚一直通往珠江。官道长条状，两边以红砂岩或木板砌筑护边，路面中间铺砌红砂岩石板，两边夯筑，路面突起如龟背状。由北往南路面徐徐倾斜以接珠江。官道北端抵达岸边后并非继续通往浴日亭，而是铺砌土路向东转往庙内。由此可见，当时前来南海神庙拜祭的自然而然会先到庙里拜祭，而后才是登亭览胜。

浴日亭南面明代古码头遗迹

官道北段砌筑小桥一座，没有设置专门桥墩，据当地老人讲，桥面原为平铺石板，后被拆毁。在长仅百余米的官道上，匠心独运地设置一座小桥，不由得让人想象当年此地周围赏心悦目的景致以及这一工程砌筑之精致。

接官亭，顾名思义，迎往接送官员的临时休息场所。设在官道南端与埠头之间，从红砂岩条石围砌的方形台基可知，亭为方形。虽然如今亭已塌，柱已断，顶部无存，但从遗址残留的八边覆盆式方形柱础、红砂岩宝莲顶方形望柱、雕饰竹节栏板、如意纹栏板、带榫口的

八角柱等精美的石构件，可以想象一座多么精致小巧的木梁架结构的亭子立于江边，随时迎候各级官员离船登岸，稍事休整，进庙拜祭。

埠头，位于遗址的最南端，濒临珠江水，遗址呈长方形，以长条石铺砌而成，前面有九级台阶，两侧亦有台阶逐层降低。考古部门认为，据遗址判断曾经有两期使用并且曾经修葺过。

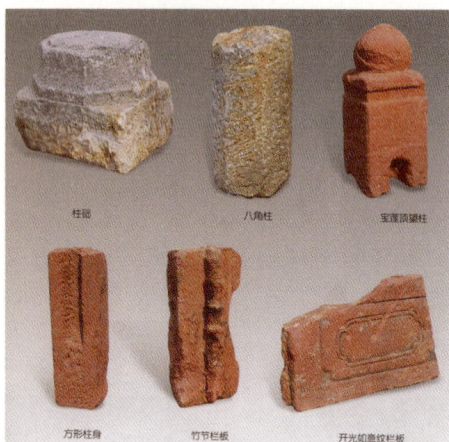

接官亭石构件

浴日亭南明代码头的道路遗迹

自宋代之后，珠江水岸线不断南移。之所以要修筑码头，与庙前泥沙不断淤塞，前来拜祭的船只难以靠岸密切相关。此时的扶胥港已失去了往日的繁盛，波涛汹涌的景象逐渐已成记忆。前人描写的"前鉴大海，茫然无际，烟波浩渺，日浴大海"的壮观景色也不再重现。清代番禺人崔弼在《波罗外纪》中如此描写到："波罗庙去海不到百步，向来风涛万顷，岸临不测之渊……淤积既久，咸卤继至，沧海为田……潮当长，就岸犹易；水稍退，则平沙十里，挽舟难行，进退两难。"南海神庙前的明代码头正好印证了这些文献记载。宋、元时期的羊城八景之一"扶胥浴日"，在明代已榜上无名。这也说明了沧海桑田的变化，致使南海神庙难以再创辉煌。

2．清代码头

在距"海不扬波"牌坊不远正前方，考古部门发现了清代码头遗址。经过考古发掘，此码头的道路遗址有上下两层，分属早晚两个不同时期，位于上面的属于清代码头道路遗存，花岗岩铺筑。下面一层早期的道路遗迹，红砂岩铺砌路基，比清代路面要宽，由于清代码头

要做原址保留对外展示，没能对下面一层进行发掘，情况目前尚不明晰，估计属于明代。

清代码头遗址分为埠头和道路两部分。"五板石"道路直通庙内，止于牌坊。北段以红砂岩铺砌，南端以花岗岩铺砌，两段之间以阶级相连接。依地势路面由北往南逐级降低，现存至少有三级，每级在纵向的石板之间，再横置石板以过渡。埠头保存较为完整，共有九级踏跺，每级用三块长石板铺砌，两侧砌石，没有使用垂带石，做工极

南海神庙正门外的清代古码头遗迹

为规整美观。这一遗迹与"海不扬波"牌坊正处于南海神庙南北中轴线上，加上砌筑年代等分析，有学者推测，"海不扬波"牌坊与清代码头道路是同时修建的。目前清代码头遗址已对外展示。

明代以后，由于自然条件的变化，南海神庙前停靠海舶已有困难。正如崔弼的《波罗外纪》所说："波罗庙去海不到百步，向来风涛万顷，岸临不测之渊……淤积既久，咸卤继至，沧海为田……潮当长，就岸犹易；水稍退，则平沙十里，挽舟难行，进退两难。"随着海岸线南移，南海神庙所在港口逐渐失去了海外贸易港口的地位。原来在"波罗庙右，小山屹立，立石华表，为望洋之

琶洲塔

所"，如今，当年的景致已荡然无存。南海神庙所在的扶胥镇被琶洲上的黄埔村取而代之了。清初顾祖禹的《读史方舆纪要》中谈到琶洲时已指出"闽浙舟楫入广者多泊于此"，从福建、浙江来的海船到广

州已经是在琶洲黄埔村靠岸停泊。建于万历年间的琶洲塔，就是当时海舶进港的导航标志，至今依然高高耸立在琶洲一带，风采不减当年。

（三）其他遗迹

1. 宋代建筑基址

在 2005 年南海神庙周围整治过程中，工作人员惊喜地发现了一处规模宏大的宋代建筑基址。它位于南海神庙的西边，浴日亭的东北侧。根据考古人员的推断，这大致是一座东西面阔十一间，南北进深三间的宏伟建筑，具有很高的研究价值。

由于发掘场地四周受到限制，没有清理出建筑基址的四边界，对了解全貌有所影响。从已发掘的情况看，建筑基址置于立柱下面，起到承受主力抬高建筑物、达到防潮作用的礤墩，南北就有 3 排，每排东西 12 个。礤墩基本为方形，礤墩之间存在考古学上所说的打破关系，就是说晚期人类活动遗迹打破早期的地层或建设而形成的地层关系。在中间一排礤墩，小礤墩打破大礤墩，说明该建筑历经两次修建。

在建筑基址北部的垫土下面，发现了一个红砂岩条石砌筑的方形池。因为建筑基址压在方池之上，覆盖了方池，所以两者的建造和使用时间是不同时期，方池在先，建筑基址在后。方池边长 3.7 米，东

南海神庙西侧的宋代建筑基础遗迹

壁砌筑一道石踏跺。在方池底部出土了青瓷碗、陶罐、盆等，这些器物的年代与池子填土里的器物以及建筑基址垫土中发现的器物年代相同，皆属宋代遗物，具有明显的南宋特征。同时，出土了一些铜钱，比如北宋的熙宁通宝、绍圣元宝，南宋的绍兴元宝等就出土于建筑基址垫土中。铜钱的出土为遗址的年代判定为南宋起到了重要作用。年代已明确，遗址的性质又是如何呢？从发掘资料看，建筑的规模宏大。根据文献记载，与遗址年代相符合的修建历史上有两次，其中南宋乾

道三年（1167 年）不但重修了南海神庙，而且还新建了风雷雨师殿。而风雷雨师殿只是南海神庙的附属建筑，其规模似乎不会很大。乾道三年重修中有殿堂、廊庑、斋庐、宿馆以及山亭、水榭；南宋宝庆元年（1225 年）建有环堵重门、侠庑、前殿、后堂和后庭。究竟遗址是什么？目前还难以下定论，还有待于更多资料来加以印证。

2. 路面遗迹

在明代码头南端的东面，考古工作者还发现了一段路面遗迹。路面大致呈东南—西北向，由埠头开始往东延伸而去，总长度目前不详，建造较为简单，主要以红砂岩碎石块、小石子、残碎砖块铺垫，路面明显呈现龟背状，并由北向南倾斜，而且路面高低不平，发现了晚清时期的陶瓷片和铜钱等遗物。难道这条砌筑稍显简单的路面所在就是历史上崔弼所称的"十里平沙"？

古代南海神庙"去海不到百步，向来风涛万顷，岸临不测之渊"，到了清代，"来去皆候潮"才能登岸拜祭，且潮涨有时，"非时则沙阁不得动，名为海道，与昌黎所述气象迥异"而且"淤积既久，咸卤继至，沧海为田……潮当长，就岸犹易；水稍退，则平沙十里，挽舟难行，进退两难"。崔弼对珠江不断南移，船舶靠岸困难，前往南海神庙极为不便有着深深的体会。所以，他和有关人士商议，自庙西浴日亭下修一条便路直通戙旗岗畔（位于庙东南江心一里左右，因在岗上树旗祀神而得名），可惜由于"路太长，杙木作桩，填沙砌石，费数千金，不易猝办，理事又难"而被迫中止。他希望"后有能者可续吾志，再行呈请，发薄沿签，成此康庄无量之福矣"。因此，有学者推测，这条路面可能就是嘉庆年间举人崔弼很想修却没有建成的那条道路。

3. 祭祀坑遗迹

此次在南海神庙周边考古发掘中，发现一个十分有意思的现象。就是在明清码头遗址的石铺道路两侧不规律地存在着许多火烧土坑。其大致情况是，庙西南明代码头的祭祀烧坑分布在南北两段，也就是说集中在接官亭和浴日亭山脚的位置。大小不等，有圆形、椭圆形，形状不太规则，一般深 10 ~ 15 厘米，最大口径 70 厘米，小的仅 25 厘米。坑内多留有红色烧土壁面、灰烬、烧土颗粒，部分还有破碎陶片，

发现有些火坑存在叠压，说明祭祀烧坑在不同时期都存在，是民间祭祀活动的一个有趣现象。而在庙前清代码头的道路两侧祭祀烧坑数量更多，发现近50个，而且分布更加密集，由于场地有限，不可避免地出现早晚烧坑的叠压。做法更是五花八门，有的有砖砌，有的无砖土壁，有的以瓦片作壁，有的带有火道，有的倒扣一盆，盆底不存，显然是打破盆底，留下盆壁做炉口。

据《南海神庙古遗址古码头》介绍，庙前"这些烧坑不但用砖加强炉壁，还用陶盆做炉口，而且带有火道，显示出生火燃烧的时间较长，所以对火炉的要求较高。……在接官亭绝无这种烧坑，表明有严格的限定。"虽然目前尚无法判定烧坑的年代，但根据文献记载仍然可以看出，由于各种因素的影响，这种烧坑日渐式微，到了清末民初，已不再使用了。

发现的这些现象，是民间祭祀活动的再现。我们的眼前不由得浮现出这样的一幕：三更时分，梳洗打扮，约上三五知己、亲朋好友踏上拜祭的

南海神庙前考古发现的祭祀坑

路途，快到南海神庙，拿出各式祭品摆放整齐，有的祭品就在庙前这些祭祀烧坑现场烧煮准备，以示虔诚。然后祭拜者端着祭品进庙拜祭，期望南海神保佑所求如意，心想事成。

古代祭拜都带些什么祭品呢，史书的记载极为详细。唐代韩愈描述孔戣在祭祀南海神时有极为传神的一段文字："牲肥酒香，罇爵净洁，降登有数，神具醉饱。海之百灵秘怪，慌惚毕出，蜿蜿蚰蚰，来享饮食。"祭品中有酒有肉，极为隆重。到了元代，祭品中增加了纸币和香烛。《南海庙代建宝醮记》中如此描写："至元丙子，苏枢奉皇太后之命赍捧宝香、锦幡、银盒、楮币驰驿诣南海祠下，四月十有八日甲午建醮。大德九年御祭南海神文：赍持锦幡二、销锦幡一、金盒币二十五万钱、牲牢醴斋香烛果肴之奠。"清代崔弼在《波罗外纪》中也有普通百姓祭拜海神的描写："波罗庙每岁二月初旬，远近环集

如市，楼船、花艇、小舟、大舸连泊十余里。……管弦呕哑嘈杂，竟十余夕。……至十三日海神诞期，谒神者仅三更烧瓣蜡，燕赉楮帛蚝脂，络驿庙门，填塞不能入。"上面所说的几种祭品就是今天的猪肉、纸币、点灯用的蚝脂油膏。在每年的南海神诞期前后，庙前停满了各式舟船，热闹非凡，长达十余日之久。到了正诞之日，拜神的人更是在三更时分就开始在庙前烧猪仔，然后端着纸钱、蚝脂等祭品拥挤在庙门口，人多得难以进去。

4."凝真观"、"海光寺"匾额

南海神庙是一座海神庙，是官方祭祀海神的场所。南海神庙的建筑依照中国传统建筑布局观念，位于中轴线上，对称布局。而在庙外还有一些附属建筑，这其中就有位于庙东面的海光寺和位于庙西面的凝真观，即民间所谓"东佛西玄"。

"凝真观"匾额于浴日亭所在山脚下发现。发现时已残缺不全，仅存"凝真"和"道光戊申六月"等字样，阴刻。现在此匾额在庙西发现，与文献记载相符。道光戊申六月是道光二十八年（1848年），

"凝真观"匾额

文献记载道光二十九年到三十年叶名琛曾经主持维修南海神庙。

《波罗外纪》记载："凝真观在庙西偏，道人所居，凡官府来祭，斋宿于此。旧储'波罗志'版，岁久漫漶不存。使者、承事泛览庙内历朝碑文，必责僧道拓碑以呈，纸料工价，不敢推诿，意惟雷轰荐福，可免供亿。将往代名公鸿文钜制，效淮西推倒十已七八，仅扫韩、苏一二纸，聊以塞责。"

由此可见凝真观原来有道士居住，道士和海光寺的和尚一起管理南海神庙的庙租和香火。因为南海神庙是一处官方祭海之所，因而官方人士往来较多，那时候，凝真观还是接待官方人士斋宿之地。

凝真观供奉北帝，北帝称真武大帝，又称玄武大帝，是道教尊神

之一。传说是统管北方之神，故称北帝。与青龙（东），白虎（西），朱雀（南）合称四方四神。同时他又是水神，统领一切水族，护卫江河安宁，舟楫平安，水患不生。北帝庙在珠江三角洲一带比较多，可见其信众之多。凝真观在新中国成立后为庙头小学使用，1965 年凝真观被拆除，场地开办了广州海运学校。昔日的"东佛西玄"已不复存在。

清人崔弼所撰的《波罗外纪》中的配图

在南海神庙东门外的扶胥旧街，发现了"海光寺"匾额。以红砂岩石打制而成，可惜已残断不全，中间"海光寺"三个阳文楷书清晰可见，上款"大清乾隆癸亥孟夏吉旦"得以幸运地保存下来。有人考证海光寺是唐贞元年间创建，宋时曾改名灵化寺。光绪十六年（1890年）华林寺僧兼该寺住持，后湮没。海光寺在清代雍正年间郝玉麟纂修的《广东通志》就有记载，可见在清初已有一定规模。清代的《波罗外纪》是这样描写海光寺的："海光寺在庙内东北，僧二房，与道士分理庙租香火。每岁二月神诞时，百货丛集庙门。寺里则摆卖字画、洞碑、古帖、虫鱼、卉木，铺张尽致。闺房秘器、淫亵之图，罗列神前，恬不为怪。有袒腹佛盘睡其左，游者必摩挲其脐，谓可求子云。……至花朝以后，男船毕退，女舸渐登，近而红粉村姑山花插髻，远则青楼荡妇浪蝶随身。借祈祷为名，恣为游观，海光寺里，坡诗亭子，冶服艳妆，遗钗堕珥，此亦嬉春旧俗矣。"

据传说海光寺中有一个巨大的石雕卧佛，大佛面部笑态憨厚，一脸慈祥，身体侧卧，袒露腹部，肚脐眼显露尤其明显。根据当地的民间传说，这个大肚佛能给人们带来很多好运，特别是妇女游此佛寺时，以手抚摸大佛肚脐，必定会怀孕生子，每求必定灵验，因而旧时珠江三角洲不少人专程来佛寺拜佛摸脐求子，此寺曾经有很旺的香火。

还传说明代的时候，由于波罗庙是一处羊城的旅游胜地，每天游客如云，其中日本人来游览、经商的也不少。南海神庙仪门东廊的"番鬼望波罗"对日本人的影响很大。

一天，有位来华日本孩童也学达奚，在海光寺前面种了两棵波罗树苗。他也酷爱南海神庙和海光寺的美景，种下树苗后到处游玩。同来的人都乘船走了，他都不知道。后来他流落在海光寺，被住持收留。但东洋孩子惦念家乡，郁郁离世。住持为他塑了像，立在大殿一旁。不久人们发现东洋小孩的塑像前总有一滩水。初时以为是殿瓦漏水，但细心观察，未发现殿瓦有漏水的裂痕。住持觉得奇怪，游人也觉得奇怪。一天，有位文人到南海神庙游历之后，转到海光寺参神，知道东洋小孩塑像前总有水一事，就到塑像前细心观察，觉得漏水不可能，是塑像思念家乡回不去的愁泪，于是叫住持拿来笔墨，在塑像前的墙壁上写了首诗："日出扶桑是我家，自从流落在中华，鸡鸣犬吠皆相似，到处杨梅一样花。"从此东洋小孩不再思念家乡扶桑了，也不再流泪，塑像前的水也没有了。

据说，1941年，正值日本侵华时期，南海神庙被日军占领。一天，突然来了一辆吉普车，在海光寺前停下，车上跳下了四个日本人，一个是司机，一个是翻译，还有两个是日本文员。他们下车后在海光寺四处寻找，拿着地图查对，最后在海光寺前东边的一棵波罗树前停了下来。经过一番查看，其中一个哈哈大笑，叽里咕噜讲了一大串话。当时有些庙头村民在场好奇观看。翻译对村民说："这位日本人士的祖先在海光寺前种过两棵波罗树，现在拿着地图来辨认祖先种的波罗树是否存在。今天终于找到了，这棵就是，另一棵已经不在了。"日本人对波罗树拍照完毕就离开了。海光寺东边的那棵波罗树，一直都正常生长。1958年，庙头村成立了农业合作社，社员在集体施肥工作中，把大量猪屎、牛粪堆在波罗树周围，肥水不停地往地里渗透，日子久了，波罗树经受不起咸水的侵害，终于枯死。

历经一千多年的岁月，南海神庙虽在历朝历代多有维修，但庙址未有变化，就像韩愈所说："因其故庙，易而新之。"但由于自然和人为的因素，南海神庙周围的码头在不同时期位置有所变化，从考古发现即可看出。

南海神庙这座享誉古今、名闻中外的古庙，聚千百年的历史积淀，具有深厚的文化底蕴，可谓遍地是宝。在南海神庙附近任何地方动土随时都会有文物发现，不少文物极富价值，动辄给人以惊喜。我们期待有更多重要的考古新发现，以进一步丰富岭南这一文化宝藏。

南海神庙与波罗诞

九、丝路明珠

——南海神庙千年海事

（一）异国番客望波罗

南海神庙是中国历代帝王祭海之场所，与佛教的佛寺、道教的道观有所不同。佛教是来自印度的宗教，佛寺供奉的是释迦牟尼、菩萨、罗汉等，由和尚管理。道教则是中国人自己所创，奉老子为教祖，道观由道士管理。南海神则是中国帝王所封的神，与菩萨、老子有所区别。南海神庙性质类似于祭天的天坛和祭地的地坛，是国家祭祀的坛庙，历代多由政府对神庙进行管理。

南海神庙还有一个别名，叫波罗庙。谈起这个名称，还有不少有趣的传说。

一种传说是宋仁宗庆历年间阮遵的记载，认为有一个叫达奚的人，是天竺（今印度）高僧达摩的季弟。于萧梁普通年间，跟随兄长达摩由天竺经海上丝绸之路来到中国。达奚到了广州扶胥镇，见到有一座非常雄伟壮观的南海神庙，遂进庙拜谒海神。祝融见达奚是天竺高僧之弟，本人又富有神通，就极力挽留他留在庙中协助共管南海。达奚深感南海神之诚意，遂答应协助南海神管理海上风云。他尽忠尽职，天天到海边瞭望海上船只，后来立化于海边。人们为了纪念他，塑像立于庙左东侧，并封他为达奚司空，俗称番鬼望波罗。清代诗人王渔洋还有诗咏达奚司空：

　　　　兄为生佛弟为神，天竺西来剩一身。
　　　　淡荡风光容貌壮，南天俎豆未曾湮。

此说虽然流传甚广，但是细细推敲，则发现与史实有悖。达摩，全名菩提达摩，萧梁普通年间从海路由天竺到广州，在今广州西来初地登岸。后达摩北渡长江，据说曾谒见梁武帝，又在河南嵩山少林寺附近的山洞中面壁九年，被奉为中国佛教的禅宗初祖，这些史书记载得十分清楚。但是，正史上并没有达摩携弟达奚来华的记载，达摩其实应该并无这个小弟弟。同时，南海神庙始建于隋开皇十四年（594年），萧梁时，南海神庙还未出现，不可能有达奚来庙朝拜南海神之事，此传说牵强附会，不足可信。

另一种传说，见宋代方信儒《南海百咏》。相传唐朝时，古波罗国有来华朝贡使，回程时经广州到南海庙，遂登庙谒南海神，并将从国内带来的两颗波罗树种子种在庙中，他因迷恋庙中秀丽的景致，流连忘返，因而误了返程的海船。其人于是望江悲泣，并举左手于额前作望海状，希望海船回来载他，后来立化在海边。人们认为朝贡使是来自海上丝绸之路的友好使者，将其厚葬，并按他生前左手高举额前遥望海舶归来的样子，塑像祀于南海神庙中，并给他穿上中国的衣冠，封为达奚司空。宋高宗绍兴年间，还封达奚为助利侯。由于他是波罗国来的人，又在庙中植下波罗树，还天天盼波罗国船回来载他返国，所以村民俗称此塑像为番鬼望波罗，神庙也因此被称为波罗庙了。明代憨山禅师有一首咏达奚司空诗，写得生动贴切、入木三分。诗云：

临流斫额思何穷，西去孤帆望眼空。
屹立有心归故国，奋飞无翼御长风。
怆悲钟鼓愁王膳，束缚衣冠苦汉容。
慰尔不须怀旧土，皇天雨露自来同。

关于达奚司空的身份，历来亦有不少人考证。清人檀萃的《楚庭稗珠录》记载："（南海神庙）中门之左，有达奚司空像。鳖面白眼，跂而前望，若有招呼。"十多年前，广东省文史馆的罗镇邦先生曾撰文认为，达奚鳖面白眼，说明此人是黑人，很可能是当时随番舶来广州的奴隶，因此临走时会被主人遗弃。这确是一个独到而大胆的考证，但值得商榷。唐时，广州的海外贸易已非常繁盛，不少外国人亦来华经商，番舶上有黑奴也是自然而然的事。但番舶上走失了一个地位低下的黑奴，竟会被南海神留下并封侯，还建殿塑像祀之，在我国古代

等级制度十分森严的封建国家中，未必能够实现。

据有人考证，达奚司空是唐代古摩揭它国（今印度）的朝贡使。据《新唐书·摩揭它国传》记载，"摩揭它，一曰摩伽陀。本天竺属国。贞观二十一年始遣使自通天子，献波罗树，树类白杨。"看来，达奚来华及留种波罗于南海神庙是确有其事的。只是故事中当地人的盛情与诚意让人惊叹，他们对于一个外国人可以如此礼敬有加，不但在其死后予以厚葬，还立像为纪，更与其所崇拜的中国海神供在一起。种族与国界之分似乎丝毫没有混入他们的意念之中。更为匪夷所思的是，在第一个故事中，身为中国海神的祝融竟然邀异国他邦的达奚协同治理海事！其爱才惜贤、容人之量实在令人佩服。在那个"非我族类，其心必异"论调高涨、内忧外患不断的年代，一个人（或神）能有这样的胸襟，实在是太难能可贵了。今南海神庙第二进建筑仪门的东侧，仍有达奚即番鬼望波罗塑像。这是 1987 年维修南海神庙时，广州市文物部门根据 20 世纪 20 年代日本学者森清太郎所编的《岭南纪胜》中的达奚塑像照片资料重塑复原的。

番鬼望波罗塑像

番鬼望波罗神像前挂有一副对联，是由广东著名诗人刘逸生撰文，书法家曾景充先生书写的。对联充分概括了番鬼望波罗的传说：

蓝海驾帆来深情长系波罗蜜
白云舒眼望故国犹思摩揭陀

达奚司空从海外带到南海神庙的波罗树是古代西域的产物，但它究竟是什么树呢？长期以来，众说纷纭，莫衷一是。

有人认为，波罗树是菩提树，其梵名毕本罗，其原产于印度，桑科，常绿乔木，叶互生，三角状卵形。广东地区不少寺院都种有菩提树。据说，当年释迦牟尼就是在菩提树下削发出家的，因此菩提树和

147

佛教有着密切的联系。

另一种说法认为，波罗树是大树波罗。据清代范端昂《粤中见闻》中记载："波罗蜜亦曰优钵昙，萧梁时西域贡使携来，种于南海神庙前。波罗熟以盛夏，大如斗，重至三四十斤，皮厚有软刺……每实有核数百枚，大如枣，仁如栗黄，炒熟可食。"从这段记载来看，南海神庙的古波罗树应该就是我们今天所说的大树波罗，不过早已难寻它的芳迹了。

1986 年 1 月 24 日，广州市文物部门在南海神庙举行重修复原动工仪式，广州市领导欧初、黄菘华、杨奎章和一批文物专家等重新在南海神庙头门前的庭院种了两棵波罗蜜树。看来唐代朝贡使携的波罗树是今天的波罗蜜的说法得到了文物部门的认可。

（二）唐宋时期南海神庙与海上丝路

1. 唐代南海神庙与海上丝路

在唐代，扶胥港是中外船舶出、入海的必经之地，作为扶胥港最重要的建筑，南海神庙供奉的南海神成了保护人们海上航行的神灵。可以说，南海神是随着海外贸易的发展而形成的产物。

唐代著名的政治家、地理学家贾耽所讲著名的"广州通海夷道"，起点即为广州港。阿拉伯地理著作如《道里邦国志》、《中国印度见闻录》等也以广州为南海诸国航海东方的终点，并称广州港为"中国最大的港口"。这说明了广州在唐代海外贸易中的重要地位。

唐玄宗于开元二年（714 年），在广州设立市舶使，专管藩商外贸。广州海外贸易蓬勃发展。天宝七年（748 年），广州港帆樯林立、商货繁盛的情形，给高僧鉴真留下了深刻的印象。据鉴真所见，广州"江中有婆罗门、波斯、昆仑等舶，不知其数；并载香药、珍宝，积载如山。其舶深六七丈，师子国、大石国、骨唐国、白蛮、赤蛮等往来居住，种类极多"（日本真人元

昔日的扶胥江

148

开：《唐大和上东征传》）。唐人李肇也记载了广州港的盛况，称广州每年都有"南海舶"，即外国商船停泊。在南海舶中，师子国舶最大，这些船高达数丈，人们上下往来需要搭设梯子，船上堆满了宝货。每当南海舶到来时"则本道奏报，郡邑为之喧阗"。商船上都饲养了信鸽，万一在海上遇难，信鸽可以在千里之外归来报信。可见广州对外贸易盛极一时。

由于唐玄宗笃信神灵，对南海神的祭祀益加隆重和频繁。南海神被封为"广利王"，取意广得财利。由于海上航行常常遭到海盗的掠夺，加之海上常遇狂风恶浪，因而南海神成了中外海上商人顶礼膜拜的偶像。唐代产银量较前增加，尤其是通过海外贸易，白银源源流入。在乾元元年（758年），广州发生了一件外国人纵火焚城事件。大食国、波斯国人不堪忍受刺史韦利见以权谋私、强取豪夺，攻入城中，焚烧房屋，劫掠仓库，刺史韦利见弃城而逃。这些都说明了唐代海外贸易的发达，地方官员借管理海外贸易之机贪污，引起祸乱。

唐代在发展官方对外贸易的同时，民间贸易也随之兴旺。广州是唐朝重要的对外贸易港口，每年来自东南亚和波斯、阿拉伯的商船云集港内，当地杂居的各族群众，多以从事商业贸易为生。对外贸易滋生了贪渎行为，而地方官的贪污行为对广州对外贸易也产生了重大影响。代宗大历四年（769年），李勉前往广州赴任，西域海舶自海上至广州者，一年才有四五艘，李勉为官廉洁，"舶来都不检阅，故末年至者四十余"（刘昫：《旧唐书·李勉传》）。地方官员是否贪污渎职，竟会对往来商船的数量造成如此悬殊的差异。

唐代镇守岭南广州的官吏，清廉者较少，许多官吏借机大捞一把，贪污受贿，比比皆是。身为广州刺史、御史大夫、岭南节度使的王锷也不例外。他把没收来的非法收入据为己有，然后，用以经商，积累了巨额财富，史载他"西南大海中诸国舶至，则尽没其利，由是锷家财富于公藏，日发十余艇，重以犀象珠贝，称商货而出诸境。周以岁时，循环不绝，凡八年，京师权门多富锷之财"（欧阳修、宋祁：《新唐书·王锷传》）。就是说，海外各国船舶自西南大海中驶来广州，利钱全被没收。于是王锷的家财比公府收藏还富。王锷每天发遣十余艘小艇，多载犀角、象牙、珍珠、海贝，自称是商货而出境，以数月为周期，循环不绝，前后八年时间，京师的权贵多因王锷贿赂的财货而

致富。不独自肥，而且兼及京师权门豪贵，搜刮财货数量之巨，是相当惊人的。王锷通过贿赂朝中权贵，官职越做越大。当时的广州人"多牟利于市"（欧阳修、宋祁：《新唐书·王锷传》）。看来，官民皆重商，随着私人贸易的兴盛，处于外贸必经之地的南海神庙自然是香火旺盛，一派繁荣。由于南海神庙是官方祭祀的地方，自然不容许民间在此树碑立传，民间祭祀的史料也就难见其面目，但这并不影响民间对南海神的崇拜和祭祀。

但由于广州夏季出海风大浪急，常有台风肆虐，因而官方祭祀南海神多由副职代替祭祀。从孔戣担任广州刺史开始，一改往日副职祭祀的惯例，亲自前往，诚挚以待南海神，为后代官员树立了榜样。来自于海外贸易的利润丰厚，导致岭南节度使多贪婪暴富，但也有一些廉洁尽职的官员。比如开成年间的卢钧，出任岭南节度使，"不取商舶珍货，时人称其廉洁"；会昌时岭南节度使崔龟从、大中时岭南节度使韦正贯等都是廉洁的典范。唐代朝廷很重视对历代岭南刺史、节度使、市舶使的任命，就是因为海外贸易的丰厚利润对官员有着极大的诱惑。唐代王建的诗《送郑权尚书南海》就为我们描绘了广州因海外贸易而宝货充盈、一片繁荣的美好景象：

> 七郡双旌贵，人皆不忆回。
> 戍头龙脑铺，关口象牙堆。
> 敕设薰炉出，蛮辞咒节开。
> 市喧山贼破，金贱海船来。
> 白氎家家织，红蕉处处栽。
> 已将身报国，莫起望乡台。

诗中所说的郑权，时任工部尚书，也垂涎于广州的奇货异宝，以家里人多、俸禄不足以养家为借口，贿赂宦官王守澄，要求任职于岭南。于长庆三年（823年），赴广州任岭南节度使，韩愈在送别的文章中说，广州的地位十分重要，"蛮胡贾人，舶交海中，若岭南帅得其人，则一边尽治，不相寇盗贼杀，无风鱼之灾、水旱疬毒之患。外国之货日至，珠、香、象、犀、玳瑁奇物溢于中国，不可胜用，故选帅常重于他镇"（韩愈：《昌黎先生文集》）。强调广州进口的珍稀物品对朝廷的重要性和广州地方官的关键性作用，同时指出郑权贵而能贫、

为仁不富，是担当此任的最佳人选。但是极具讽刺意味的是，郑权在任不满一年，却以贪污、搜刮"赀珍"，贿赂官员，为人嗤骂，在史册上留下了秽名。

岭南财赋对中央财政的贡献，使得南海神在四海神中地位愈显尊贵，南海神庙得到不断的维修和扩建，所以韩愈才在碑中说："考于传记，而南海神次最贵，在北东西三神、河伯之上。"

广州的地理位置十分优越，有南海通往海外，有珠江可通往内地，内外货物皆聚集于此，"海郡雄蛮落，津亭壮越台，城隅百雉映，水曲万家开。里树桃椰出，时禽翡翠来"（张九龄：《曲江集》）就是最好的写照。如此琳琅满目的货物，致使奢侈重商之风更浓。由于招待番客有"阅货之宴"和"送行之宴"，旧时的海阳馆（今十三行一带）和粤王台（今越秀山上）都是款待客商的场所。广州城里蕃客云集，成了一道别样的亮丽风景。设于广州城内的蕃坊（今光塔路一带），就是专门为外商居住而设，有专门的外国人担任蕃长，处理有关蕃商内部事务。

唐代海上交通航线示意图

唐代的海外贸易如此兴旺，南海波涛依然汹涌，由于航海技术等客观原因，海上风险依然很大，船毁人亡时常发生。因此，南海神崇拜更为兴盛，南海神庙香火也更加旺盛，这个时期两者之间的关系密不可分。

2. 南汉时南海神庙与海上丝路

刘隐是在唐末国内动乱、岭南偏居一隅，政治相对稳定的大势下登上历史舞台的，刘氏加清海、静海节度使后，掌握了包括外贸管理和市舶之利等地方大权。为讨好朱温，刘隐进献了大批海外珍异。开平元年（907年）五月，刘岩"进奇宝名药，品类甚多"；十月，"又进龙脑腰带、珍珠枕、玳瑁、香药等"；十一月，"进龙形通犀腰带、金托裹含棱玳瑁器百余副，香药珍巧甚多"；开平四年（910年）七月，"贡犀、玉，献舶上蔷薇水"；乾化元年（911年）十二月，"贡犀、象、奇珍及金银等，其估数千万"（《旧五代史·梁书·梁太祖纪》）。刘氏进献海外珍物之多，诸国一时无与比拟，说明岭南对外贸易之繁盛。

刘隐死后，刘岩继位。如今，在重修的广州城隍庙大殿里立着三尊城隍爷塑像，分别是刘龑、海瑞和杨椒山。对坐立于左右的海瑞和杨椒山这两位历史人物，平民百姓早已耳熟能详；而对坐立于正中的刘龑，不仅其事迹鲜为人知，就连那个"龑"字也没有几个人能读出来。

刘龑就是南汉国的开国皇帝刘岩。他称帝后的第九年即乾亨九年（925年），在南汉三清殿里忽然发现一条白蛇，翰林学士王宏立即献上《白龙赋》，将白蛇说成"白龙"，是大吉之兆。刘岩大喜，便改年号为白龙，并学武则天自创了个"龑"（音 yǎn）字，作为自己之名。

贞明三年（917年）十一月，刘岩在广州称帝，改国号大越。后梁末帝以叛逆之名，诏命吴越王钱镠为天下兵马招讨使，征讨刘岩，当时刘岩的官职为"清海静海等军节度使、岭南东西道观察处置供军粮料市舟等使、开府仪同三司、检校太保兼中书令、持节都督广州刺史、上柱国、南平王"（范坰、林禹：《吴越备史》），当中所列的市舟使即市舶使。唐代于广州设置市舶使，其选官分为两种情况：一是岭南节度使或监军使兼任，二是宦官或专官充任。唐中后期，岭南节度使作为地方军政长官，对地方事务几乎拥有全权，广率"节度五岭诸军，仍观察其郡邑，于南方事无所不统"（韩愈：《南海神广利王庙碑》），说明岭南节度使兼管市舶，在地方很有势力。

刘岩统治岭南时期，鼓励发展经济贸易。当时，"岭北商贾至南海者"，他"多召之"，而且"与岭北诸藩岁时交聘"。除了推行睦邻政策这一政治因素外，借此进行经济贸易，互通有无，尤其是西通黔蜀，其经济意义应是占主要地位的。南汉的经贸活动，最令人推崇的，还是在对外贸易方面。广州地处南海，以其优越的地理环境，很早就成为中国对外贸易的一个重要中心。五代时期，虽中国战乱，经济残败，对外贸易已大大萎缩，但广州在南汉统治下，对外贸易规模虽不及盛唐之时，却也持续不衰。这与刘岩在位时，注重招徕海商，“笼海商得法”有密切关系。

南汉积极向海外发展势力，“阻塞梯航，徒惑远方”，最大限度掌握南海贸易。1997 年，印度尼西亚印坦（Intan）海域发现了一艘 10 世纪的沉船，打捞出不少与南汉有关的珍贵遗物，有中国陶瓷、一百多枚南汉的“乾亨重宝”铅钱等。海外专家指出，将行政中心定在广州、积极参与贸易的南汉，“不但恢复了与南海国家的跨国交流，而且继续使用唐代政府管理舶来品交易的系统”（杜希德（Denis Twitchett）、思鉴（Janice Stargardt）：《沉船遗宝：一艘十世纪沉船上的中国银锭》）。看来，南汉确实把鼓励通商、发展海外贸易作为一项基本政策。

至今仍完好保存在翁源云门寺的《大汉韶州云门山大觉禅寺大慈云匡圣宏明大师碑铭》，记载大宝六年（963 年）后主刘鋹派韶州都监军府事梁延鄂，会同本府官员往翁源云门山开塔，内侍监秀华宫使李托至云门寺迎文偃真身入宫的故事，其中说道：“许群僚士庶，四海蕃商，俱入内廷，各得观瞻。”（吴兰修：《南汉金石志》）证明外国商民在兴王府享有居留贸易自由，受到朝廷优待。

唐天宝以后，广州蕃坊聚集着为数众多的外国侨民，形成“与夷人杂处”、“与海中蕃夷、四方商贾杂居”的特色。南汉时兴王府蕃坊继续存在，并且有阿拉伯人留居。

五代宋初人陶穀《清异录》记载后主时后宫有波斯女，“年破瓜，黑腯而慧艳……鋹嬖之，赐号‘媚猪’”（陶穀：《清异录》）。日本学者桑原骘藏认为，此波斯女来自西域波斯（桑原骘藏著、陈裕青译：《蒲寿庚考》）。

大宝七年（964 年），后主尊南海神为昭明帝，“庙为聪正宫，其衣饰以龙凤”（李焘：《续资治通鉴长编》）。南海神从王升为帝，封号之高，在中国历史上是空前绝后的，可见南汉对南海神的重视，从而

显示南汉王朝对其财政主要来源的海外贸易的高度重视。

明崇祯九年（1636 年）在番禺小谷围北亭村发现刘岩墓，只见墓室"堂宇豁然，珠帘半垂，左右金案玉几备列，有金人十二，举之重各十五斤。中二金像，冕而坐若王者，笄翟如后者，各五六十斤。旁有学士十八，以白银为之。地皆金蚕珠贝所筑，旁有便房，当窗一宝镜，大径三尺，光烛如白日。宝砚一，砚池中有一玉鱼能游动。碧玉盘一，以水满注其中，有二金鱼影浮出。他珍异物甚众，不可指识"（仇巨川：《羊城古钞》），里面珍宝无数，非常气派。2003 年广州市考古部门正式发掘了刘岩墓，即康陵，揭开了一段尘封的历史。此墓历史上多次被盗，史书记载的珍奇异宝早已不在，重要的是出土了一批玻璃器，专家认为，此类玻璃当为伊斯兰所产。在广州中山四路南越国宫署遗址的南汉遗迹中发现了孔雀蓝釉陶器和玻璃器。遗址所在地为南汉的都城内宫，是南汉的政治、经济、文化中心。经考证，这些东西都是来自于西亚一带，是南汉与海外贸易的舶来品。

开宝三年（970 年），宋将潘美率领大军长驱直入，进攻兴王府。刘鋹派人网罗十几艘巨舰，将美妃、金银财宝塞满其中，准备从海上逃亡。可见南汉的奇珍异宝数量之大。

南汉海外贸易的发展，使南汉获得了丰厚的利润，经济富足。刘岩重视对外贸易，主观上纯粹是为了满足南汉统治者穷奢极欲的生活需要，但在客观上，却促进了岭南经济的发展和繁荣。

3. 宋代南海神庙与海上丝路

对外贸易是宋王朝政府财政收入的重要来源。外贸的繁荣离不开中外商人冒着不测之险往来于大海中。不论是官方还是民间，祈求南海神保佑使得南海神庙与海外贸易结下了不解之缘。在宋神宗、高宗时期，都提出要重视发展外贸，增加外贸税收。宋神宗就曾明确指出，王朝的富强与发展海外贸易有关，"东南利国之大，舶商亦居其一焉，昔钱、刘窃据浙、广，内足自富，外足抗中国者，亦由笼海商得术也"。想必于广东阳江打捞出水的"南海一号"海船就是在这样的历史背景下扬帆远航，并沉没于广东外海的。

宋开宝四年（971 年）平定南汉以后，由于对外贸易之发展，商贾辐辏，经济繁荣，广州人口大量增加。《唐垌记略》云："广于五岭为大府，地控蛮粤，列郡倚以为重。其商船物货之聚，盛比杭、益，

而天下莫及，旧有城在广州立东，规模迫隘，仅能藩篱官舍及中人数百家，大贾巨室生齿之繁几千万，皆处其西，无以自庇。"由此使人想见当时广州之情况，富商巨贾多荟萃于城外。这说明当时广州进行大规模城建，主要是为了庇护日益繁荣的商业区和大贾巨室，抵御外敌的入侵。其中"广源州蛮"侬智高就是北宋元祐之前相当长一段时期对华南地区的频繁入侵者。

宋潘美平南汉，即以帅臣兼市舶使管理海外贸易。宋初指定广州、明州、杭州为贸易港，各置市舶司以征关税，凡与外国贸易有关者一切均由其主管，当时谓之三司。北宋所收关税，广州所征占全国十分之九以上。

北宋开宝六年（973年），北宋朝廷在广州设立市舶司，管理对外贸易，并拨款修葺南海神庙，希望能保佑海上交通和贸易顺利。南海神庙的宋代碑刻中，大部分都与南海神保佑海外贸易顺利有关。开宝六年（973年）裴丽泽《大宋新修南海广利王庙碑铭》提到："自古交趾七郡，贡献上国，皆自海沿于江，达于淮，逾于洛，至于南河。故砥砺砮丹，羽毛齿革，底贡无虚岁矣。"说明当时东南亚交趾各郡通过海路来到中国进行朝贡贸易时，在南海广利王的庇佑下，已相当繁盛。

北宋治平四年（1067年），章望之撰《重修南海神庙碑》中记载："先时此民与海中蕃夷、四方之商贾杂居焉。……及是嘉祐七年秋，风雨调若，五谷丰实，人无疫疠，海无飓风，九县旁十有五州，无盗贼之侵。民相与语曰："兹吾府帅政令公平之召，亦南海大神之赐。"认为四海平安、风调雨顺都是南海神所赐。

南宋乾道元年（1165年）《南海广利洪圣昭顺威显王记》的"夷舶往来，百货丰盈，顺流而济，波伏不兴。自唐迄今，务极徽称"，以及乾道三年（1167年）崇道观廖颙的《重修南海庙记》，都赋予了南海神在海上丝绸之路贸易中所起的庇护神的功能："胡商越贾，具万斛之舟，张起云之帆，转如山之柁，乘长风，破巨浪，往来迅速，如履平地。非恃王之阴佑，曷克尔耶？西南诸蕃三十余国，各输珍赍，辐辏五羊，珍异之货，不可缕数。闽浙艟舶，亦皆重载而至，岁补大农何啻千万缗！尘肆贸易，繁夥富盛，公私优裕，系王之力焉。"认为海外贸易的繁荣与南海神的庇佑密不可分。

宋代历次维修南海神庙的地方官员，多是负责与海外贸易有关的市舶使、转运使、或州郡长官。比如嘉祐、元祐修复南海神庙的余靖、蒋之奇都是当时广州知州，兼领市舶；乾道三年（1167年）修庙就是市舶提举陶定所为；宝庆元年（1225年）身为广东转运判官的曾噩修复庙宇；皇祐五年（1053年）广南东路转运使兼市舶使元绛上奏皇上表彰南海神护城之功。历次修建南海神庙的资金来自于"官缗"。想必修庙时中外商人的捐资也时常会有。曾有蕃商希望捐资修广州西城，未能实现。那么重饰庙貌，蕃商想必也会踊跃捐资。因此，负责市舶贸易的官员修建南海神庙的资金多来自外贸收入，南海神庙的修建和南海神的封号与海外贸易有着密切的关系。

南海神庙自两宋开始有"六侯"的传说，并供奉有"六侯"，"六侯"中的助利侯达奚司空和顺应侯巡海蒲提点使均与海上贸易有着密切关系。据成于南宋乾道年间的《南海庙达奚司空记》记载："番禺故都会也，控引海外，海外诸国贾胡岁具大舶，赍奇货，涉巨浸，以输中国。"从中可见广州对外贸易之盛，番禺已成为中外商船汇聚之地。达奚司空还辅助南海神帮外商化险为夷。据记载，海上风云变化无常，"顷刻乘之以烈风雷雨之变，舟人危惧，愿无须臾死，以号于神，其声未乾，倏已晴霁。舟行万里，如过席上，人知王赐，出于神之辅赞，盖如此，故祷谢不绝。"达奚司空后来被传诵为摩揭陀国人，据传唐代时摩揭陀国曾进贡波罗树，南海神庙中因此有了波罗树，庙亦因之俗称为波罗庙。

北宋元祐五年（1090年）出现的巡海蒲提点使，源自当时侨居广州的阿拉伯蒲姓商人。据当时广州知州蔡卞称，广州蒲姓人托梦给他，称自己昨刚死，今"愿充广利王巡海提点，但未立祠位"。所以派人到南海神庙祭巡海蒲提点使，并彩绘神像。外国商人死后还愿意为南海神当助手，可看出南海神庙与商人之间的密切关系。南海之南的三佛齐，国人多姓蒲，广州蕃坊附近光塔一带就有蒲宜人巷。蔡卞的这一说法显示广州蒲姓与广州知州关系密切，从中也可看出当时阿拉伯商人在与广州的贸易关系中，影响力较大。

宋代，如同唐时，波斯与阿拉伯人来华贸易者侨居各港口，居住广州的外侨是相当多的，仅仅阿拉伯人就有十多万。唐宋政府为了安置这些外商、外侨及其眷属，划地定界营建房舍，名曰"蕃坊"，开

设商店，开办学校，还制订了一套管理侨民的政策和制度（顾炎武：《天下郡国利病书》）。北宋朱彧《萍洲可谈》云："广州蕃坊，海外诸国人聚居，置蕃长一人，管勾蕃坊公事。专切招邀蕃商……"广州蕃坊之位置在今光塔路怀圣寺附近一带。南宋岳珂《桯史》云："番禺有海獠杂居，其最豪者蒲姓，号白番人，本占城之贵人也。既浮海而遇风涛，惮于复反，乃清于其主，愿留中国以通往来之货，主许焉。舶事实赖给其家。岁益久，定居城中，居室稍侈靡踰禁，使者方务招徕，以阜国计，且以其非吾国人，不之问。故其富盛甲一时。……岁五月舶将来，群獠入于塔，出于窦，喁唶号呼，以祈南风，亦辄有验。"岳珂为岳飞之孙，岳霖之子。岳霖于南宋光宗绍熙三年（1192年）为广州知州，《桯史》所记是岳珂童年所见之回忆录，也许有不实之处，但当时政府的外贸政策与对外商之优待可见一斑。

广州当时虽然比不上首都汴京，但怎么说，也是大中城市，而且是一个异域风情浓郁的大中城市，一片中外文化交融的盛景，人民群众物质生活和精神生活都比较丰富。

宋政府与唐政府一样，也常对外国人相当友好，每年对离开广州的商人和使者，均按照惯例，由市舶官吏在珠江河畔的"海山楼"举行饯别宴会，互相祝好，"无不得其欢心"（周去非：《岭外代答》）。"海山楼"可以说是历史上第一间有名的宾馆了。宋时广州聚居大量外国人。岳飞的儿子岳霖曾任广州地方官，岳霖儿子岳珂到广州来游玩时，四处交游，经常去外国人聚居区游玩。他得出一条经验，外国商人中以蒲姓商人身价最高，生活奢华。绍兴元年（1131年），大食商人蒲亚里进了一次货，全是象牙、犀牛角这样的奢侈品，结果广州市舶司一下子还买不起，还得分期付款，然后拍卖一半货物，才能把蒲亚里的本钱付清。

更让人意想不到的是，受蕃商影响，广州的官员和有钱人，也常蓄养一个"鬼奴"（黑人）干家务活。南宋时浙江温州人周去非为官岭南，卸职后写了一本《岭外代答》，里面说"海岛多野人，身如黑漆，拳（卷发），诱以食而擒之，动以千万，卖为蕃奴"。朱彧《萍洲可谈》里也说"广中富人多畜鬼奴，绝有力，可负数百斤……有一种近海野人，入水不眨眼，谓之'昆仑奴'"。由此可见，黑奴买卖唐宋以来就很盛行。至于后世不断有论说广东人有黑人血统，大概也是据

157

此捕风捉影，开开玩笑而已。

（三）元明清时期南海神庙与海上丝路

1. 元代南海神庙与海上丝路

元代很重视海外贸易，广州一直是海外贸易的重要港口。元政府除按市舶抽分以外，还实行三十税一制度，促进贸易发展。元人记述当时广州"岁时蕃舶金、珠、犀、象、香药、杂产之富，充溢耳目，抽赋帑藏，盖不下巨万计"（吴莱：《渊颖集·南海山水人物古迹记》）。据元大德八年（1304 年）陈大震所写《南海志》载，元朝前期到广州从事贸易的客人达 147 国之多，占元代全国外贸涉及 220 多个国家和地区的 64%，称"广（州）为番舶凑集之所，宝货丛聚，实为外府。岛夷诸国，名不可殚。前志所载者四十余。圣朝奄有四海，尽日月出入之地，无不奉珍效贡，稽颡称臣。故海人山兽之奇，龙珠犀贝之异，莫不充储于内府，畜玩于上林，其来者视昔有加焉。而珍货之盛，亦倍于前志之所书者"。扶胥镇是广州外港，它一年的税收达 4 467 贯，而新会全县为 4 082 贯，清远全县为 3 623 贯，东莞全县为 2 282 贯。扶胥一镇比新会、清远、东莞等县的税收还高出许多，税源主要是靠与海上贸易有关的行业。可见广州外港对外贸易的繁盛。

到了元朝，元世祖忽必烈即位后，急于宣威海外，十分重视海外贸易。他不满足于使节互访和贸易往来，想凭武力扩张疆土，掠夺更多的财富。当时元军向南、向东南出征海外诸蕃的船队都要从广州出发，途径南海。因此朝廷祭祀南海神也十分殷勤。至元十三年（1276年），忽必烈遣近使速古儿赤等为南海神建醮，并赐以宝香、锦幡、银盒、楮币等。建醮的目的是希望通过海外贸易满足蒙古王公贵族的需求；至元二十八年（1291 年），又遣使祭南海神，封南海神为"广利灵孚王"。此后元朝还有多个皇帝祭祀、加封南海神。在庙内留下了元延祐七年（1320 年）、元至正十年（1350 年）等有关碑刻。

从元世祖中统二年（1261 年）于莱州东海神庙代祀南海神，至元三年（1266 年）立夏日遥祭南海神庙，到至元十六年（1279 年），由于南海东庙毁于战火，移至南海西庙祭祀南海神。元政府自至元二十八年（1291）开始，每年派遣使者祭祀南海神，在南海神庙留下了不少有关祭祀的碑刻。这些碑刻，如前所述，没有发现中外商人祭祀的

记载，但商人出海祭祀的事实肯定存在，只是民间祭祀无人为之树碑立传，或官方祭祀的场所不允许民间在此有所作为。加之，元代实行官本船的海外贸易制度。所谓"官本船"，就是由政府预垫资本，建造或购买海船，雇募商人承办，出海贸易，回来所得利润公私分成（喻常森：《元代海外贸易》）。由此可见，元代的海外贸易已由官方主办，改为招商，由民商运营。作为保护南海远洋航行安全的南海神，自然得到众多的商人祭拜。

元至元到大德年间，广东海盗猖獗，地方官员赵兴事先祈祷于南海神，平息了海寇，因之修建南海神庙。虽然元初没有在广州设置市舶司，但市舶使由地方官员兼领，所以修庙也是他的职责所在。之后，在广州设立广东转运市舶提举司，但时废时设，而海外贸易依然进行。此时祭祀南海神庙的主要目的已是偏重于保护一方平安为主，祭祀南海神的官员也不再是以主管贸易的市舶或转运官员为主了，所以南海神庙与海外贸易的关系不再是那么紧密。

在宋元之际，广州城中与南海贸易有关的设施如市舶亭、港口等都遭到破坏。至元十九年（1282年），市舶亭才在广州西城南门朝宗门建立。市舶亭是海舶检验和纳税的地方，是对外贸易的重要场所，它的西面不远处就是广州城南港和南濠，距离蕃坊区更近，有利于贸易活动。广州海外贸易经过元初恢复，到大德时期已经兴旺起来，市舶亭附近已是热闹非凡。南海西庙在元初是国家祭祀的场所，也是商人祭拜海神的所在，可以说南海西庙与海外贸易也有着一定的关系。至元二十八年（1291年），为了便于海舶停靠时躲避风浪，疏浚了南濠，说明南濠在外贸中依然发挥作用。而南海西庙距离南濠不远，除了怀圣寺光塔，这里也成了官员、商人拜神祭祀之地。大德七年（1303年），南海东庙重新建立，香火又逐渐兴旺。大德二年（1298年）《代祀南海王记》道："南海广利灵孚王，惟神溟天地，王百谷，尚矣。今岛夷卉服之民，雕题凿齿之国，无非彼吾。元之泽，航巨浸，重九译，琛璧于庭，固皆世祖圣神文武所致。然王之所以神坤，倪右玄造，溥开一函夏之绩，其善利亦大矣哉！"描写这个时期南海神庙与海外贸易的关系，极为形象。可见南海神庙在海外贸易方面的作用仍不容忽视。

2. 明代南海神庙与海上丝路

南海神从唐代最初封为"广利王"，希望与蕃商来往，广得财利，

已把南海神与海外贸易紧紧联系起来。宋代，南海神保证海上安全畅通，使朝廷获得大量的贸易利润。元代，南海神也使得蒙古贵族的需求得到满足，朝廷取得财赋。明初洪武时取消了以前所有的封号，只留下"南海之神"。明太祖朱元璋为了巩固政权，防止海上叛乱，实行海禁政策，以后又多次重申禁海的命令。与此同时，明朝实行了朝贡贸易制度。为了保证郑和下西洋的顺利，永乐皇帝加封南海神为"宁海伯"，说明南海神在中外交流中仍发挥着作用。

明代管理广州海外贸易的机关是广东市舶提举司。洪武三年（1370年）"设署广州城内一里，即宋市舶亭海山楼故址"（今北京南路与东横街交界处）。洪武七年（1374年）废止，永乐元年（1403年）重置，并设怀远驿于广州西关十八铺蚬子步，有房屋120间，专门用于供招待外国贡使和蕃商。正统四年（1439年）毁于兵燹，迁至府城寿宁坊。景泰六年（1455年）重建于原址。嘉靖元年（1522年）后因宁波"争贡之役"发生，严申海禁，遂革罢福建、浙江二市舶司。独留广东市舶司，至明末再未变动。据雍正《广东通志》记载，永乐元年（1403年），市舶司提举为齐喜；正统七年（1442年）提举是陈和，副提举是岑广、李忠；景泰二年（1451年）提举为祝仪，副提举是章崑；天顺三年（1459年）副提举为李敏，天顺六年（1462年）副提举是吴勗，天顺七年（1463年）提举是许贵；成化四年（1468年）提举为陶熏；嘉靖元年（1522年）提举为牛荣。市舶司的职责是"掌海外诸番朝贡市易之事，辨其使人表文勘合之真伪，禁通番，征私货，平交易，闲其出入而慎馆穀之"（张廷玉：《明史·职官四》）。可见，广东市舶司的职掌是相当广泛的。它不仅管理朝贡事宜，而且管理市场交易之事，甚至要执行"禁通番、征私货"的任务。

明隆庆以前主要是实行贡舶贸易，商舶贸易被视为走私贸易；隆庆以后，海禁开放，贡舶贸易没落了，商舶贸易方成为合法的和主要的经营方式。

贡舶贸易是明代实行海禁政策由官府经营的一种海外贸易方式。而作为明代全国海外贸易第一大港的广州，贡舶贸易得到彻底的贯彻落实，其具体经营方针是："凡外夷贡者，皆设市舶司以领之，许带他物，官设牙行与民贸易，谓之互市。是有贡舶即有互市，非入贡即不许其互市。"（王圻：《续文献通考》）贡舶贸易是在明政府直接控制

下进行的，其目的虽然是"怀柔远人"，但必须以"朝贡"为条件，非朝贡国则"不许其互市"。

明早期实行的"怀柔远人"和"厚往薄来"的朝贡贸易，使明朝政府财政负担加重。

正德、嘉靖年间，随着贡舶贸易的日益衰落，广州的商舶贸易则兴盛起来。所谓商舶贸易，实际上就是私人经营的海外贸易。这种经营方式在隆庆以前存在过，只不过是属非法贸易而已，而且不是主要的形式。到了隆庆以后，商舶贸易已发展成为广州海外贸易的主要形式。来往广州的私商船舶络绎不绝。屈大均作过生动的描写："在昔（广）州全盛时，番舶衔尾而至……豪商大贾，各以其土所宜，相贸得利不赀。"（屈大均：《广东新语》）

由于来广州贸易的商船日益增加，税收也日增，曾有人描述道："余驻省（广州）时。见有三舟至，舟各赍白金三十万投税司纳税，听其入城与百姓贸易。"（王临亨：《粤剑编》）这是万历二十九年（1601 年）王临亨驻广州阅狱办理案件时所看到外国商船贸易及纳税的情形，规模是相当大的。过去广州每月抽分番货所得仅"数万金"。而万历时一船所纳进口税银竟达 30 万，三船共 90 万。可见，其贸易额不知增加了多少倍。万历以后，东南亚和欧洲各国商人于每年夏冬两季到广州参加在海珠岛举行的定期市贸易，每次为期数周，或长至数月，中国各省商人源源不断地把货物运来广州与外国商人贸易，使广州成为中国海外贸易的商品集散中心。可见广州在明末已成为中外商品的交易中心。

明代中后期，私人可以经营外贸。由于外商趋之若鹜，不断来广州贸易，中国商人也从事对外贸易。由于广东省内外的富商大贾历来有从商的传统，也纷纷麇集广州同外商交易。诚如霍与瑕记述道："近日，番夷市易，皆趋广州……而近乡名曰'游鱼洲'，其民专驾多橹船只，接济番货。每番船一到，则通同濠畔街，外省富商搬瓷器、丝绵、私钱、火药等违禁物品，满载而去，满载而还，追星趁月，习以为常，官兵无敢谁何。"（霍与瑕：《霍勉斋集》）于是，濠畔街、高第街一带成为"香珠犀象如山，花鸟如海，番夷辐辏，日费数千万金，饮食之盛，歌舞之多，过于秦淮数倍"（仇池石：《羊城古钞》）的繁华商业区。

至于广东、广州本地的商人出海贸易者，更是屡见不鲜。明末屈大均记载说："广州望县，人多务贾与时逐。以香、糖、果、箱、铁器、藤、蜡、番椒、苏木、蒲葵诸货……南走澳门，至于红毛、日本、琉球、暹罗斛、吕宋，帆踔二洋，倏忽数千万里，以中国珍丽之物相贸易，获大赢利。"（屈大均：《广东新语》）

这说明广州不少商人前往东西二洋，乃至日本、琉球等国家和地区从事贸易，并且从中赢利发财。有的商人索性在东南亚各国家定居下来，成为华侨。例如，"南海梁道明贸易于爪哇国，久而情熟，挈家住居，积有年岁。闽广军民弃乡里为商从之者数千人"（严从简：《殊域周咨录》）。在爪哇新村，亦有1 000多家商人定居，村主是广东人氏。这些都是明代中国商人从广州出海贸易发达的历史见证。正如张燮记载说："市舶之设，始于唐宋，大率夷人人市中国，中国而商于夷，未有今日之夥者也。"（张燮：《东西洋考》）当时广州泛海贸易的船舶体积也是相当大的。有200吨的，也有250吨的，少数还有300吨的。取其中数，每艘平均载重量亦为250吨，少数开往欧洲的商船竟达到1 000吨。海外贸易的航线已向全球扩展。

葡萄牙人入住澳门后，朝廷重新开放广州港对外贸易，允许外商每年一月和六月两次来广州贸易，之后全面开放。随着私人贸易的开放，闽粤商人非常活跃，为海外贸易的繁荣作出了贡献。南海神作为一方保佑海上平安的神灵，自然得到出海贸易商人的顶礼膜拜。明代广州港已移至琶州的黄埔村一带，明代广州于沿海港口建造的莲花塔、琶州塔、赤岗塔，成为自海归来即将到岸的标志，如同南海神庙一样，在海外贸易的商人心目中，有着难以割舍的情怀。

随着南海神庙前海岸不断南移，要修路以达江边，船舶不便靠岸，祭拜有所不便，南海神在人们心中的地位慢慢暗淡。明中后期，各种天灾人祸不断，即使民众再如何虔诚祭拜，南海神也无法满足各种祈求，朝廷的祭祀活动也常常流于形式，南海神威名显赫的时日已难再现。

3. 清代南海神庙与海上丝路

南海神祝融作为南海的保护神之一，早在隋代已建庙祭祀，宋代在广东其他地方建立了离宫，元明之时，南海神庙（多称为洪圣庙或广利王庙）已广泛分布在广东各地。清代广东名人屈大均在《广东新

语》中说："凡渡海自番禺者，率祀祝融、天妃；自徐闻者，祀二伏波……"可见清代南海神祝融与天妃、伏波等海神一起分享着人间的香火。南海神庙在广东分布广泛，建立在临江、临海的交通要道，例如码头等地，也有建立在商业繁荣、商人密集的地方。南海神庙多被称为洪圣庙，是由于宋代南海神屡显神功、灵异昭著，被封为洪圣王，在人们心目中留下了极为深刻的印象。清代南海神庙的修建，商人、信众成了主要力量，沿海商人无非是祈求南海神保佑海上贸易顺利，商人将南海神庙与海上贸易紧密相连。那么，清代广州海外贸易如何呢？

清初为了防范南明政权的反清力量，多次颁布禁海令和迁海令，禁止沿海居民出海贸易，让沿海居民迁移到距离海岸线数十里，以达到断绝大陆支持台湾的目的，这无疑影响了海外贸易的发展。但对广东则实行特殊政策，视澳门为"化外"之区不予禁止和"奉命免迁"（江日升：《台湾外纪》）。康熙五十六年（1717 年），清政府实行南洋海禁，但澳门仍然"不在禁内"（《宫中档》第 3 辑）。同时，清政府更加惧怕汉人出海贸易和外国人结合起来，从而危害它的统治，因此，严格限制出海贸易，千方百计地想阻止他们与外国人接触。但是，当时的中国社会经济不断发展，开展和扩大海外贸易成为历史的潮流。面对现实，清政府的对外贸易政策不得不作一定程度的调整，用乾隆

广州府舆图所绘南海神庙

皇帝的话来说是"恩加体恤"，"俾得日用有资，并沾余润"（潘颐福：《东华续录》），在照顾西方各国利益的同时，却包藏着"怀柔远人，四方归之"的目的。清政府既要防范"外患"，又要"怀柔远人"，认为广州是实现其双重目的的最恰当选择，一来广州远离京城，即使发生意外，对京城也不构成严重威胁，况且广州有虎门等炮台，设防比其他港口完备，外国舰船攻打不易，"虎门黄埔在设有官兵，较宁波

可以扬帆直达者，形势亦异"（王之春：《国朝柔远记》）；二来认为多开口岸会造成对清朝政权的威胁，"闽浙向非洋船聚集之所，海防即宜肃清"（王之春：《国朝柔远记》），如果再让蕃船集宁波"留住日久，将又成一粤省之澳门，于海疆重地民风土俗均有关系"（梁廷柟：《粤海关志》）。于是，洪任辉事件发生后，清廷马上采取措施，定广州为唯一的贸易口岸。

因此，在清初实行海禁期间，广东的对外贸易通过澳门继续进行，不至于中断。直到清代统一台湾，平定三藩之乱，才正式解除了海禁。康熙二十四年（1685年），清代朝廷设立了江、浙、闽、粤四个海关，负责管理海外贸易。粤海关从设立到鸦片战争结束，一百五十多年一直存在，尤其是乾隆二十二年（1757年）关闭其他三个海关，独留粤海关，广州成为全国唯一的通商口岸，广州一口通商长达八十多年，大大促进了广州海上丝绸之路的发展。广州通商时期，有所谓"金山珠海，天子南库"之美称。

从此，全国的对外贸易主要集中在广东进行，各省的商品源源不断地运到广东出口；外国商品也集中在广东进口，使广东的对外贸易进入了新的高度发展时期，而且一直延续到鸦片战争前夕。与此同时，清政府还对粤海关实行减税和免税政策，优待外国商人贸易，从而吸引更多的外国商人到广东来经商贸易。

清代前期广州对外贸易的蓬勃发展，使得全中国的对外贸易，几乎全部都集中在广州口岸。广东的对外贸易处于得天独厚的地位，进入高速发展的黄金时代。而贸易主要对象的英、美等国家"都在广州做生意"。正如当时外国数据记载那样："广州的地理形势和中国政府的政策，再加上其他各种原因，使得广州成为对内对外贸易极盛之地。除了俄国商队跨越中国北方边疆，葡萄牙和西班牙的商船往来澳门而外，中华帝国与西方列国的全部贸易都聚会于广州。中国各地物产都运来此地，各省的商贾货栈在此经营着很赚钱的买卖。东京、交趾支那、柬埔寨、缅甸、马六甲或马来半岛、东印度群岛、印度各口岸、欧洲各国、南北美各国和太平洋诸岛的商货，也都荟集到此城。"（姚贤镐：《中国近代对外贸易史资料》第1册）这就说明，清代前期广州的对外贸易基本上代表了整个中国的对外贸易。因此，清政府在广州委托具有官商性质的广东十三行商为代表同外国商人进行贸易，自

然也就顺理成章了。

　　广州是中国历史上唯一对外贸易历久不衰的港口，所以历代都在这里设置管理机构。唐开元之前就在广州建立我国最早的市舶使。宋开宝四年（971年），在今广州市北京南路与高第街交界附近设置提举司舶司。元代至元十四年（1277年）后，在广州建立市舶提举司；明洪武三年（1370年），又在广州设立市舶提举司。这种官署代表政府负责检查广州进出口贸易的船舶、征收货税、收购政府专买品及管理外商等事宜，具有类似今天海关的性质，但不属于近代性质的正式海关。

　　康熙二十三年（1684年）开海贸易后，为了严格管理广州的对外贸易，在广州次固镇（约今广州起义路与泰康路交界处）建立粤海关，代替了历朝的市舶司，成为中国近代正式海关。乾隆二十二年（1757年），清政府撤销江、浙、闽三海关，仅留粤海关，于是粤海关成为当时唯一的正式海关，独立自主地管理广州的对外贸易，在很大的程度上也是管理中国的对外贸易。清政府特别重视粤海关，按规定四个海关皆由地方督抚兼管关务，唯独是粤海关专设监督管理，而且多由满人充任。据统计，在170多任监督中，有110任监督是由满人担任。粤海关监督直接由皇帝任命，是皇帝的心腹，"地位与行

十九世纪初的粤海关

省的督抚大员相等"，直接向户部和内务府负责，"不必听督府节制"。粤海关负责管理整个广州口岸的对外贸易。为了执行清政府的开海贸易，严格执行对外贸易政策。粤海关建立和制订了一系列管理制度和办法，诸如贸易自由（洋船来者，按例征税，均可贸易）、引水制度（洋船到日，海防衙门拨给引水之人，引入虎门，湾泊黄埔）、行商制度（外商购销货物，交纳税款由行商代理）。粤海关这些管理对外贸易的制度和办法，促进了广州海外贸易的发展。

因此，几乎世界上的主要国家都与广东发生直接的贸易关系。由此，《粤游小识》云："粤东居民近海者，多与番狎。"开始时，外国商船进黄埔、广州之前，先在珠江口的崖门、蕉门、磨刀门、横门、虎门等地方停泊，候风进港。附近的南沙等村的居民，往往用渔船搭运洋船货物，先寄顿在村内，然后从镇口小口运往广州；也有在洋船泊靠黄埔口时，附近的深井等村的村民在泊船周围地方搭盖蓬寮，以卖粮、蔬菜为名，深夜到洋船把货物运至寮内，再用民船运进广州、佛山等地。之后又从广州、佛山等地购买中国的货物，由蕉门、崖门运到珠江口外，与洋船外商贸易。开海贸易后，外国商船则直接到广州来贸易。

"哥德堡"号是瑞典东印度公司来华贸易的船只之一，短短七年间先后三次远航广州，是来华贸易商船的代表。第一次的广州贸易之行是1739年1月到1740年6月；第二次是在1741年2月到1742年7月；最为世人所知的就是第三次，1743年3月到1745年9月，这是一次艰难、充满灾难的航行。载满丝绸、茶叶、瓷器等中国商品的"哥德堡"号最终却在离哥德堡港口不远的地方触礁沉没，瑞典东印度公司损失惨重。1986年打捞出来的茶叶仍然可以饮用。2006年7月，瑞典人仿照"哥德堡"号建造的"哥德堡Ⅲ"号重访广州，离开广州前，广州市在南海神庙前为"哥德堡Ⅲ"号来访举行大型的仿古祭海仪式，以表达广州人民的友好情谊和深深的祝福。我们可以通过"哥德堡Ⅲ"号重温广州港过去那段辉煌的岁月。

与各国纷纷来广州贸易同时，广东商人也相争出洋贸易。史书记载："海禁既开，帆樯鳞集，瞻星戴月"，"富家巨室，争造货船"（梁廷楠：《粤海关志》），"通于山海之间……远而东西二洋"（屈大均：《广东新语》），"一年之中，千舡往回"（李士桢：《抚粤政略》），"每年出洋船只所用舵工、水手、商伙

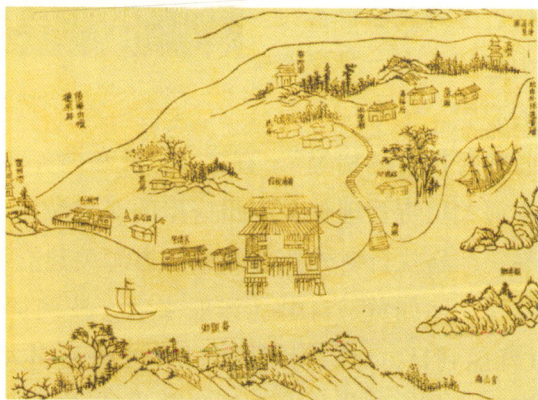

《粤海关志》中的黄埔口岸

166

等，为数甚多，就粤而论，借外来洋船以资生计者，约计数10万人"（《史料旬刊》第22期）。而且南洋各地均有卖广货之粤商（吴道熔：《光绪海阳县志》）。例如，广州的叶振德于康熙二十六年（1687年）"往洋贸易"（民国十三年《南海叶氏宗谱》）；广东船主李韬士于康熙五十五年（1716年）到日经商（姚贤镐：《中国近代对外贸易史资料》第1册）；番禺县商人潘振承于乾隆年间"往吕宋贸易"（民国《番禺潘氏族谱》）；南海县石头乡商人简照南，创办了一家轮船公司，往来日本、暹罗、安南及欧美各大港口商埠贸易（汪宗准等：《民国佛山忠义乡志》卷十四）。特别是乾隆三十五年（1770年），原籍澄海县的华裔郑昭在暹罗登基建立新王朝之后，潮州人、海南人到暹罗去经商贸易者，更是络绎不绝，"每当中国新年，则有海南岛人、广东、福建及其他诸港之船五六十艘到达，除货以外，并常有数千移民前来暹罗"（梁嘉彬：《论明清广东国际贸易与近代中泰之关系》），台山县商人甘泽农也于道光年间"经商美洲"（民国24年《台山甘氏族谱》）。这样的历史事实，说明广东商人足迹遍及全世界。

同时，广州商人遍及全省，商务异常活跃，当时只有数千人的番禺黄埔岛"几乎所有的居民都同外国船舶有直接或间接的联系"（亨特：《广州番鬼录》）。广州商人既有雄厚的资本，又有丰富的商业知识和从商经验，保证外国商务顺利迅速进行："几乎所有出席的证人都承认，在广州做生意比在世界上任何其他地方都更加方便和容易。"（格林堡：《鸦片战争前中英通商史》）

广州十三行一带的码头，是中外货物的装卸地，清人屈大均形象地描述了附近商船林立、贸易繁盛的景象："洋船争出是官商，十字门开向二洋。五丝八丝广缎好，银钱堆满十三行。"广州城内人民富庶，如同苏杭一带。"临江为十三行，为诸蕃人贸易处，其蕃人号为鬼子，深目高鼻，须发皆卷，房屋高峻，窗棂悉饰玻璃，门外高台，蕃人持千里镜照之，能瞩数十里"，可见海外贸易发达，十三行一带外国人云集，到处可见洋人的面孔。

"粤人信神而尚巫"，经常出入大海的商人自然信仰海神。雍正二年（1724年）朝廷封南海神为昭明龙王，可见南海神在海外贸易中仍起着保护神的作用。城内怀远驿附近的南海西庙，也同样发挥了这样的作用。清代黄埔港所在的黄埔村设有黄埔税馆、夷务所、买办馆和

永靖营等机构管理对外贸易。夷务所两边分别是北帝庙和洪圣庙，看来南海神的行宫遍布了对外贸易商人密集之地。

广东与内地的贸易交往频繁。广东的商人纷纷到内地去组织货源，内地的商人也争相到广东做生意。于是广东与内地之间商业网络空前发展，国内统一市场日益形成。各省的货物源源不断运到广东，进口"洋货"又源源不断地运往内地。形成了"商贾如云，货物如雨"（陶成等：《雍正江西通志》）、"肩货来往于南风岭者不下十万人"（容闳：《西学东渐记》）、"客商船只行泊辐辏，络绎不绝"（蔺焘：《乾隆大埔县志》）的繁荣景象。例如在广州河南也兴起了瓷器加工业。瓷器商人先到江西景德镇购买大批白瓷器回来，然后在河南设厂开炉烘染加工，"另雇工匠，仿照西洋画法"，制成彩瓷，售之洋商。所谓"其器购自景德镇，彩绘则粤之河南厂所加者也"（刘子芬：《竹林陶说·广窑附广彩》）。这种加工的瓷器同佛山石湾的传统陶瓷交相辉映，共同满足瓷器出口的需要。

随着广东对外贸易的发展和繁盛，广东也成为中外科学技术和文化交流的枢纽。清前期，中国的丝织品、瓷器、漆器等先进而精湛的商品从广东出口至世界各国。从广州康王路尚存的丝织业行业会馆——锦纶会馆，可知广州丝织业的发达兴旺为广州海上丝绸之路提供了雄厚的货物来源。为国内外收藏家心仪的广彩瓷器当然也是出自于广州。

鸦片战争后，广州港逐渐沦为半殖民地化的港口，此时的海外贸易与古代海外贸易有着本质的差异。黄埔港口渐衰落，码头淤积，船舶停靠受到影响。黄埔港在同治时期迁至长洲岛，长洲岛上至今保存完好的外国人公墓、巴斯教徒墓都默默地见证了中外贸易活动。就在外国人云集的长洲岛，依然有洪圣庙存在，可见洪圣庙有着强大的影响力，并没有被外国宗教信仰夺取它在国人

黄埔长洲岛保留的外国人墓地

心中的地位。南海神庙伴随着海外贸易港口而存在，一直是港口的组成部分，南海神的香火虽已失去了唐宋时期的兴旺，但仍然与海上丝绸之路有着难以割舍的联系。愿广州海上丝绸之路上的这颗明珠——南海神庙继续在新的历史时期为中外政治、经济、文化交流发挥其应有的作用。

广府文化丛书

九　丝路明珠

附：南海神庙大事年表

隋

- 开皇十四年（594 年）闰十月，隋文帝诏祀南海于南海镇（后称扶胥镇，今广州黄埔区庙头村一带），并近海立祠，南海神庙自始建。并取近巫一人，主持洒扫，庙内多种松柏。

唐

- 武德元年（618 年），定制，五岳、四渎、四海年别一祭，各以五郊迎气日祭之。南海于广州（南海属广州）祀。以广州都督刺史任祭祀官。

- 开元十四年（726 年）遣太常少卿张九龄祭南海于南海神，时大旱，祈海神保佑，早降甘露，以解旱情。

- 天宝十年（751 年）正月，玄宗以东海为广德王，北海为广泽王，南海为广利王，西海为广顺王。分命卿监赴岳渎及山川，取三月十七日同时备礼兼册。命义王长史范阳张九章，奉金字玉简之册封南海王。庙中原有《册祭广利王记》碑记其事，杜甫有诗赠行。还将旧庙重新修茸，祭南海神自此始用王侯之礼，并定下立夏节由广州刺史代祭南海神的制度。

- 元和十三年（818 年）将夏，祝册自京师至，广州刺史、岭南节度使孔戣亲奉宪宗祝册往南海神庙祭祀。

- 元和十四年（819 年）立夏日，孔戣再次前往南海神庙祭祀，并将庙宇扩大，治庭坛，改作东西两序斋庖之房。

- 元和十五年（820 年）夏至，孔戣等三次前往祭祀南海神，并请袁州刺史韩愈为新修茸的南海神庙撰碑文，以记其事，循州刺史陈谏书碑文。这就是闻名遐迩的《南海神广利王庙碑》，今立南海神庙头门东侧，并建有碑亭。

· 大中年间（847—850年），岭南节度使李玭亲至神庙致祭。

南汉

· 大宝元年（958年），后主刘鋹尊南海神为昭明帝，封庙为聪正宫，并给祝融加上龙袍。

北宋

· 开宝三年（970年）南汉平；开宝四年（公元971年）广南平。遣使祭南海。六月遣司农少卿李继芳往祭，除去刘鋹所封伪号，赐南海神一品服。

· 开宝六年（973年），宋政府在广州首设市舶司，管理对外贸易，同年，命中使修葺神庙，告海神已克复南汉，收复岭南，并希望获得海神保佑，"限六蛮于外服，通七郡以来王"即加强朝贡形式对外贸易。还立《大宋新修南海广利王庙之碑》于庙内。由将仕郎右补阙柱国裴丽泽撰碑，朝议郎行监察御史权知端州军事韩溥奉敕书碑文（此碑今立庙内头门之西侧）。

· 大中祥符六年（1013年），修南海神庙。

· 康定二年（1041年），下诏增封南海加王号"洪圣"，此"南海洪圣广利王"之始。

· 皇祐五年（1053年），以南海神曾助官军击败侬智高为乱，诏加封南海神"昭顺"之号，是为"南海昭顺洪圣广利王"。赐王夫人为"明顺夫人"。

· 熙宁七年（1074年）秋八月，皇帝以久旱，祈祷天下名山大川，诏祀南海昭顺洪圣广利王。后天降甘露，又往神庙行酬谢之礼。

· 绍圣初元（1094年）苏东坡谪惠州时，经广州到南海神庙一游，作《南海浴日亭》一诗，今浴日亭仍有苏东坡诗碑（复制）。

南宋

· 绍兴七年（1137年），加八字褒封，有"威显"之号，是为"南海广利洪圣昭顺威显王"。据云，南海神曾助官军平定盗贼叛乱（农民起义），宋高宗于是加"威显"封号。

· 绍兴年间（1131—1162年）封达奚司空等为六侯，《绍兴乙丑六侯之记》碑记述此事。

- 庆元四年（1198 年）立碑记载，大奚岛民作乱（起义），于庆元三年（1197 年）在南海神庙附近洋面被官军击败，官府认为是海神显圣，保佑社稷，遂报京师表彰海神，礼部状拟赐庙额，奉敕："宜赐'英护庙'为额。"
- 宝庆元年（1225 年）重修，用金钱六百余万。

元

- 至元十三年（1276 年），遣近侍速古儿赤等于四月十八日为南海神庙建醮，并赐以宝香锦幡银盒楮币诣祠，《至元丙子碑》记此事，碑由广州路儒学教授刘本作记，万元鼎篆额并书。
- 至元十五年（1278 年），封南海神女为天妃。
- 至元二十六年（1289 年），遣使祀东、南海。
- 至元二十八年（1291 年），遣使祭南海，诏加四海封号，封南海为"广利灵孚王"。
- 至元二十九年（1292 年），遣使祀四海。
- 至元三十年（1293 年），送御香锦幡银盒等物，驰驿至广州，备礼仪祭南海广利灵孚王。遣中奉大夫御史台侍御史郑制宜等祀，承务郎王献作记，儒学教授陈黄裳书。因庙已废，重建之。此次重建，计大门三间，横二十二丈，翼以两庑，纵三十二丈，正殿巍然其中，又演两庑三十二丈至寝殿，崇广如正殿，明顺夫人之所处。
- 至正十年（1350 年），遣秘书监卿月鲁不花，翰林院侍制杨舟等前来代祀南海神，通过祭祠，久旱的岭南即降雷雨。
- 至正十一年（1351 年），遣大司农少卿王敬方等人致祭南海神，唐兀安僧撰《至正十一年碑》记其事。

明

- 洪武二年（1369 年）初，由于连年战火纷乱，使神庙废坏，海神难以居住，命中书椽高希贤等修神庙，换掉腐朽的木柱和破碎的砖瓦，重新整治殿堂、廊庑、斋堂等。
- 洪武三年（1370 年）六月初三，诏除历代所封岳镇海渎等神的封号，以地方之名称神，如祝融称"南海之神"。重修南海神庙。徐弘撰《洪武三年重修南海神庙记》记其事。
- 宣德十年（1435 年），遣广东布政司左参政卢玉润祀，祈望海

神保佑，风调雨顺，国泰民安。

- 景泰六年（1455年），旱涝并至，谷麦不丰，民生艰难，景泰帝认为是神怒而致灾，特遣都察院右都御史马昂祀神。望海神转灾为福，保佑苍生。

- 天顺元年（1457年）英宗通过"夺门之变"，推翻亲弟代宗，以"太上皇"位又复辟皇位，于是，遣翰林院编修尹直前来告祀复正大统，望海神保护他的天下永远平安。

- 成化八年（1472年），以南海神庙年久失修，残破不堪，命广州府判余志重修神庙。易祠外木牌门为石牌门，易祝融旧匾为南海神祠之匾额，将入海外道、入祠内道及左右暨浴日亭道路，全部用石铺砌，又新修大门、仪门，及东西廊庑，左右阶级，拜香亭、前殿、后殿、斋堂、斋房两楹等。此次维修，是神庙在明代最大的一次维修，南海神庙之规制由此而定。

- 成化二十一年（1485年），陈献章游南海神庙，赋诗《次东坡浴日亭韵》。

- 弘治元年（1488年），遣平乡伯陈信致祭南海神，《弘治元年碑》记其事。

- 弘治三年（1490年）八月十二日，广东按察使薛纲与方伯刘时雍夜祭南海神并赋诗《浴日亭》。

- 嘉靖十一年（1532年），因储宫未立，特遣广州同知祀神，向海神求子。

- 嘉靖十七年（1538年），皇帝于去年冬喜得贵子，特遣钦差道士周大同、主祭官布政司陆炎，致谢于神。

清

- 康熙四年（1665年），重修南海神庙。平南王尚可喜等立《重修南海神庙题名碑记》碑文谓："天子即位，遣太常告祭。"并诗云："四海不扬波"。

- 康熙六年（1667年），皇上亲政，遣官祭告岳渎等八处八员：南海、南镇分为二差，余如旧，南海遣都察院左副都御史董笃行祀神。

- 康熙四十二年（1703年）遣户部右侍郎范承烈祀。御书"万里波澄"巨碑。

- 雍正三年（1725年）。崇神封号曰"南海昭明龙王之神，"遣巡抚广东等处地方、提督军务，兼理粮饷，都察院右副都御史年希尧祀。复修殿宇，前立石表，为望洋之所，南为仪门，中为神祠，西为斋宿所，东为厨库牲房。
- 乾隆十三年（1748年），遣广东布政使司赫庆致祭南海神，立碑。
- 乾隆三十七年（1772年）遣礼部左侍郎金牲致祭南海神，立碑。
- 乾隆五十五年（1790年），遣宗人府丞孟邵致祭南海神。
- 嘉庆五年（1800年）御赐"灵濯朝宗"匾，遣内阁侍读学士裘行简致祭。
- 道光二十九年（1849年），又鼎新庙宇。
- 宣统二年（1910年），重修神庙，建韩愈碑亭。

民国

- 1926年国民政府拨毫银一万元重修南海神庙，并组织重修南海神庙委员会负责维修工作。
- 1930—1935年陈济棠主粤期间，由陈夫人莫秀英主持修建工程，将礼亭、后殿改建为水泥砖构架五开间硬山顶建筑，工程较粗。
- 1938—1945年日本侵略者占领广州期间，有日军驻扎于南海神庙，庙内建筑、古木受到摧残。

中华人民共和国成立后

- 1957年广东省人民委员会公布南海神庙为省级重点文物保护单位；1962年7月重新核定公布。
- 1966年1月，根据有关领导的指示，广州市文物管理委员会将南海神庙交给广州海运局开办学校和波罗庙航修站。
- 1966年底至1976年，大殿被毁，后殿改建，东西两廊被改建为课堂，不少古碑刻被推倒，原"万里波澄"碑刻及碑亭等被拆毁，庙内神像全部被砸毁。
- 1983年3—5月，广州海运局波罗庙航修站、广州海运学校将南海神庙保护范围内的建筑和土地移交给广州市文物管理委员会。

- 1985 年广州市文物管理委员会办理了南海神庙 3 万平方米的征地手续。同年修筑了保护范围围墙，修葺"海不扬波"石碑坊。又将广州华贵路水月宫清代辉长岩（连州青）石华表移至南海神庙，将清代广州千顷书院遗物大石鼓移至仪门侧。
- 1985 年 5 月，华南理工大学建筑学系龙庆忠教授与助手程建军等担负南海神庙的修复设计工作。
- 1985 年 12 月至 1986 年 3 月，维修头门，重塑二龙争珠琉璃瓦脊，重造"南海神庙"匾额。
- 1986 年 1 月 24 日，举行重修南海神庙动工典礼。由广州市人大常委会主任欧初主持，市委宣传部部长黄崧华，市文化局局长杨奎章，著名专家学者商承祚、龙庆忠、朱杰勤、曾昭璇教授等出席。
- 1986 年 10 月至 1987 年 4 月，维修仪门、复廊，重建唐韩愈碑亭，宋开宝碑亭。
- 1989 年 5 月至 1990 年 2 月，按原貌复原重建大殿，为明式木结构琉璃瓦单檐歇山顶建筑，阔五间 23.5 米，深三间 16.2 米，同期重建的有洪武碑亭。
- 1990 年 6 月至 1991 年 2 月，按旧制重建明代风格的单檐歇山顶木结构礼亭，面阔进深各三间，复原重建东西廊庑，重修后殿。按原拓片重刻康熙"万里波澄"巨碑并筑碑亭。按原拓片重刻石碑八方于西廊，以历代咏南海神庙诗为内容，请有关人士重新书写诗碑九方于东廊。并由广州市文物管理委员会立"重修南海神庙碑记"于东廊。复原康熙"万里波澄"匾及"威灵显佑"匾，悬于大殿；维修昭灵宫。
- 1991 年 2 月 8 日举行南海神庙重修复原工程落成仪式。省市领导人欧初、杨奎章、张汉青、李兰芳等及有关方面的专家学者出席了这一仪式。
- 1991 年 2 月 9 日上午，联合国教科文组织"海上丝绸之路"考察队 30 余国专家学者按中国古老传统，在考察团乘坐的"和平之舟"停靠中国广州黄埔港后，立即到南海神庙考察，拉开中国考察之序幕。重建后的南海神庙迎来了维修后第一批从海上丝绸之路来的友好使者，古老的南海神庙又开始了其在历史上

175

曾经扮演过的角色。

· 1991 年 3 月 26—28 日（农历二月十一至十三），传统"波罗诞"庙会，来自广州及其附近珠江三角洲一带乡民、游客、港澳同胞 10 万余人参赴这一盛会。

· 2005 年 3 月 18 日南海神庙的管理和使用权移交给黄埔区政府。当年举办了首届广州民俗文化节暨黄埔"波罗诞"千年庙会，恢复了"万众同欢"的文艺巡游表演。诞期三天，参观人数达到 30 万人次。

· 2005 年底黄埔区政府开始对南海神庙周边环境进行大规模整治，在整治过程中，广州市文物考古研究所在工程范围内对六个不同地点进行了考古发掘。清理出南越国时期遗址；清理出宋代大型建筑遗址、明代石基码头遗址；在南海神庙南门牌坊之前清理出清代码头和道路遗迹。

· 2005 年 11 月至 2006 年 7 月期间，广州市和黄埔区政府投入资金对南海神庙周边环境进行整治，在南海神庙南面开挖大型滨水区，从而在一定程度上恢复了南海神庙周围的历史风貌。在"海不扬波"牌坊前新建了 1 万多平方米的大广场及 8 万多平方米水域，新增绿地 4 万平方米，新种了许多名木花草。新建了"扶胥古埠"牌坊、简易码头，在西入口处改建浴日桥、新建了明式牌坊。

· 2005 年 12 月 26 日国家文物局常务副局长张柏到南海神庙参观，并视察了南海神庙的综合整治工作，详细了解南海神庙古码头的考古工作。

· 2006 年 3 月 8 日第二届广州民俗文化艺术节暨黄埔"波罗诞"千年庙会和广州民俗文化艺术节永久落户南海神庙的开幕式在南海神庙头门广场举行。广州市文化局局长陶诚与黄埔区区长陈小钢签署了《广州民俗文化艺术节永久落户南海神庙》协议。

· 2006 年 6 月 24 日香港特别行政区民政事物局副秘书长梁悦贤女士率领卫弈信爵士文物信托一行参观南海神庙。

· 2006 年 7 月 18 日，南海神庙迎来了瑞典"哥德堡Ⅲ"号仿古船的到访及同时到访的瑞典国王夫妇等皇室成员。广州市政府

南海神庙与波罗诞

在庙前广场举行盛大的欢迎仪式及表演活动。

- 2006 年 8 月 18 日广州市市委书记朱小丹、副市长王晓玲等领导与哥德堡市市长和"哥德堡Ⅲ"号的船长与船员们，在南海神庙东广场合种了一棵波罗蜜树作为中国与瑞典两国友好见证的友谊之树。

- 2006 年 11 月 5 日澳大利亚昆士兰国民托管组织（中国文化遗产）专家顾问哥登格利维参观南海神庙。

- 2007 年 3 月，举办第三届广州市民俗文化节暨黄埔"波罗诞"千年庙会"，恢复了五子朝王（四乡会景）活动。五天诞期参观人数达到 65 万人次，打破了历史纪录。

- 2008 年 3 月 16—22 日，历时七天的第四届广州民俗文化节暨黄埔"波罗诞"千年庙会拉开序幕。大型仿古祭海仪式、1 400 多年历史的湛江傩舞、番禺舞狮以及各地民间艺术表演，荟萃南海神庙，依次安排"万众同欢"、"洪圣祈福"、"喜庆满堂"、"诗书雅会"、"四乡会景"、"百花闹春"、"花朝盛会"七个主题。

- 2009 年 1 月 29 日，全国人大副委员长韩启德夫妇到南海神庙参观，并留下墨宝"国泰民安"。

- 2009 年 3 月 7—13 日，第五届民俗文化节在南海神庙隆重开幕。诞期 7 天的参观人数达到 61 万人。

- 2009 年 5 月 28 日，联合国教科文组织战略规划副总干事汉斯道维勒先生及夫人玛丽玛达尔沙希参观南海神庙并观看了祭海表演。

- 2009 年 8 月 6 日，中国侨联第四届主席、庄希泉基金金会主席庄炎林偕夫人参观南海神庙，并给南海神庙留下墨宝"南海之宝"。

- 2009 年 11 月 29 日，印度驻广州领事馆领事巴拉卡斯一家参观南海神庙，并在达悉司空像旁合影。

- 2009 年 12 月 30 日上午 10 时 30 分，"珠水·丝路"珠江日游首航到南海神庙。万庆良副省长等省市领导以及 500 名游客乘坐"南海神"号仿古游船来到神庙，体验海上丝绸之路魅力，感受古老皇家祭海盛典。

- 2010 年 6 月 7 日，中华人民共和国国务院参事、全国政协委员王国华，在广东省有关领导陪同下到南海神庙考察。

· 2010 年 10 月 7 日，浴日亭旧围栏、扶杆整治工程基本完工。浴日亭上一段长 5 米、宽 3 米的明代红砂岩石路面加盖了玻璃罩保护。

· 2011 年 3 月 12 日，原全国人大副委员长彭珮云、广东省原省长朱森林伉俪来南海神庙参观，共同在南海神庙内西广场种植木棉树一棵。

· 2011 年 3 月 15—21 日，第七届广州民俗文化节暨黄埔"波罗诞"千年庙会在南海神庙隆重举行，庙会包括开幕式、水神庆会、五子朝王、花朝节、玫瑰之约等主题，精彩纷呈，七天时间共吸引了约 76 万民众。

南海神庙与波罗诞

参考文献

1. 刘昫等：《旧唐书》，北京：中华书局，1975 年。

2. 欧阳修、宋祁：《新唐书》，北京：中华书局，1975 年。

3. 陈大震：大德《南海志》，上海：上海古籍出版社，2002 年。

4. 屈大均：《广东新语》，北京：中华书局，1985 年。

5. 梁廷枏总纂，袁钟仁校注：《粤海关志》，广州：广东人民出版社，2002 年。

6. 崔弼：《波罗外纪》，光绪八年（1882 年）刻本。

7. 黄淼章：《南海神庙》，广州：广东人民出版社，2005 年。

8. 王元林：《国家祭祀与海上丝路遗迹——广州南海神庙研究》，北京：中华书局，2006 年。

9. 广州市文物考古研究所、黄埔区文化广电新闻出版局：《南海神庙古遗址古码头》，广州：广州出版社，2006 年。

10. 曾应枫、黄应丰：《千年海祭——广州波罗诞》，广州：广东教育出版社，2010 年。

11. 黄启臣等：《广东海上丝绸之路史》，广州：广东经济出版社，2003 年。

后　记

　　当接到撰写广府文化丛书之一《南海神庙与波罗诞》的邀请时，我们欣然接受了写作任务。南海神庙自清道光年间以来，外患内乱，古庙历尽沧桑，日渐颓破。特别是"十年浩劫"期间，古庙被占用，不少古建筑、碑刻、神像被当作封建糟粕毁坏，仪门、复廊等被改建成课堂，古庙满目疮痍，惨不忍睹。上个世纪80年代初，南海神庙由广州市文物部门管理，并从1986年起，开始对古庙进行大规模的维修，作者当时在市文物部门工作。二十多年来我们踏遍了南海神庙的角角落落，熟悉古庙里的一草一木。我们看着一方方碑刻重新竖立起来，破败的古建筑一间间被修复，庙内外的环境一步步得到改善。我们为千年古庙再复雄颜感到欣慰和宽心。同时，我们曾亲身经历了一届又一届波罗诞庙会的热闹盛况，亲临庙前的考古遗址现场考察。这一切的一切，归为一言：我们与南海神庙有着深厚的感情，对本书的撰写倾注了满腔的热情。我们也因此借此书的出版，衷心祝愿南海神庙再上新台阶，重现历史的辉煌！

　　虽然之前已有不少南海神庙相关的研究成果，但此次撰写由于时间紧迫，要做到学术性与通俗性兼顾，突破同类书籍，我们还是感到有些力不从心。

　　在本书的撰写过程中，得到了有关单位和人士的大力支持，黄埔区文化广播新闻出版局为本书提供了近年波罗诞庙会和其他相关的照片，以及自2005年以来的大事记；广州市文物考古研究所提供了南海神庙考古发掘的相关照片；还有不少人士提供了有关研究成果供我们参考，为我们的写作提供了便利，在此深表感谢。由于书中涉及大量古籍文献和历史纪年，无形之中给出版社的编辑人员增加了大量工作，在此也感谢他们执著的专业精神和付出。

由于水平有限和时间仓促，本书错漏和不足之处在所难免，敬请专家读者指正。

作　者
2011 年 5 月

广府文化丛书

后　记